Fritz Ziller

Programm des Real-Gymnasiums in Magdeburg,

Womit zu der am Dienstag, den 20. März 1883 von Morgens 8 Uhr an

stattfindenden öffentlichen Prüfung der Schüler einladet der Direktor Dr.

Holzapfel

Fritz Ziller

Programm des Real-Gymnasiums in Magdeburg,
Womit zu der am Dienstag, den 20. März 1883 von Morgens 8 Uhr an stattfindenden öffentlichen Prüfung der Schüler einladet der Direktor Dr. Holzapfel

ISBN/EAN: 9783337736446

Hergestellt in Europa, USA, Kanada, Australien, Japan

Cover: Foto ©ninafisch / pixelio.de

Weitere Bücher finden Sie auf **www.hansebooks.com**

Programm

des

Real-Gymnasiums in Magdeburg,

womit

zu der am Dienstag, den 20. März 1883

von Morgens 8 Uhr an

stattfindenden

öffentlichen Prüfung der Schüler

einladet

der Direktor Dr. Holzapfel.

Inhalt: a) Der epische Stil des altfranzösischen Rolands-Liedes. Vom ordentlichen wissen-
schaftlichen Lehrer Dr. Fritz Ziller.
b) Schulnachrichten vom Direktor.

Magdeburg.
Druck von E. Baensch jun.
1883.

1883. Nr. 241.

Der epische Stil des altfranzösischen Rolands-Liedes.

An Untersuchungen über den Stil eines Schriftstellers pflegt man nicht ohne ein gewisses Mißtrauen hinanzutreten: Was kann bei der Vieldeutigkeit des Wortes und bei dem unzweifelhaft vorhandenen subjektiven Moment hier in der That nicht alles zusammenästhetisiert werden? — Zur einstweiligen Beruhigung diene folgende Grenzbestimmung: Auf der einen Seite bildet die Grenze des zu erforschenden Gebietes der Gedankeninhalt sowie alles rein Stoffliche, auf der anderen die Sprache als solche, letztere auch — und dies ist wegen der herrschenden Konfusion (syntaxis ornata!) besonders zu betonen — in Beziehung auf Syntax und Lexikologie. Beide, die gegebenen Sprachformen und der zu formende Gedankenstoff, greifen nicht derartig in einander ein, daß nicht zwischen ihnen noch ein Gebiet übrig bliebe, wo des Dichters¹) Freiheit herrscht; dies ist eben das Gebiet des Stils, und auf dieses haben sich stilistische Untersuchungen streng zu beschränken. Bei allen liegt die Frage zu Grunde: Welcher unter den durch die Sprache gebotenen Mittel bedient sich der Dichter, um einem Gedanken oder einer Vorstellung den mehr oder weniger adäquaten Ausdruck zu geben? Die Frage ist hier so gestellt, daß als das maßgebende Moment bei der Antwort weder das sprachliche Mittel noch der Gedanke an und für sich, sondern einzig und allein das zwischen und über beiden stehende und mit beiden frei schaltende subjektive Belieben des Dichters erscheint. Der Ge-

¹) Nur der Kürze halber spreche ich von „dem Dichter": auch Dichterkreise, ganze Gesellschaftsklassen u. s. w. besitzen ihre gemeinsamen Eigentümlichkeiten der Ausdrucksweise, des Stils. Dies gilt insbesondere auch für die chansons de geste.

R.

genstand unserer Untersuchung ist demnach das Resultat subjektiver Geschmacksurteile; um so weniger darf die Untersuchung selbst von derartigen Urteilen ausgehen oder auch nur solche enthalten. Am allerwenigsten angemessen möchte aber eine derartige Behandlung bei schriftstellerischen Werken von der Gattung des uns vorliegenden sein: Bei dem Mangel an Homogenität der moralischen, ästhetischen und intellektuellen Kultur dürfte unser subjektives Urteil wohl nur ausnahmsweise, ja wohl gar bloß zufällig, dem jenes Dichters oder seines Kreises entsprechend sein. Und selbst wenn es dem begeisterten Altertumskundigen gelänge, sich auch gemütlich und ästhetisch in die geistige Atmosphäre jener Ritter und Helden zu versetzen, darin zu atmen und zu leben, wer könnte ihm das gesprochene Wort, die gesungenen Vers wieder hervorzaubern? Und doch würde die Vernachlässigung dieses bei dem bloß gehörten Liede doppelt wichtigen Faktors allein genügen können, das bloß subjektive Geschmacksurteil vollständig irre zu führen. Aus diesen Gründen habe ich es vorgezogen mich eines jeden solchen Urteils zu enthalten, selbst auf die Gefahr hin eine recht lederne Abhandlung zu schreiben.

Die vorhergehende Auseinandersetzung diente wesentlich dazu, den Begriff „Stil" in der Weise zu bestimmen, daß sich eine negative Begrenzung des Umkreises unseres Themas feststellen ließ.

Verengert wird diese Begrenzung selbstverständlicher Weise durch das zur Grundlage gemachte Epos selbst; eine eingehende Vergleichung der altfranzösischen oder gar aller alten Epen nach seiten ihrer stilistischen Eigentümlichkeiten würde sich gewiß als sehr lehrreich erweisen, müßte aber den Raum einer Programm-Abhandlung bedeutend überschreiten; das Rolandslied hat immerhin — dies lehrt schon eine nur oberflächliche Vergleichung — den Vorzug viele der den altfranzösischen Epen gemeinsamen stilistischen Merkmale in scharf ausgeprägten Mustern aufzuweisen.

Die engste Begrenzung unseres Themas ist durch den Ausdruck „epischer Stil" gegeben. Das Attribut soll nämlich nicht bloß wiederholen, was schon in dem das Rolandsepos betreffenden Zusatz enthalten ist, sondern es soll den Begriff „Stil des altfranzösischen Rolandsliedes" wesentlich beschränken. Hierbei muß ich um Zulassung der Voraussetzung bitten, daß mit dem Ausdruck „epischer Stil" ein einigermaßen bestimmter Begriff verbunden sei: Man verstehe darunter diejenigen stilistischen Merkmale, welche allen alten Epen, als den Erzeugnissen eines ähnlich gearteten Nationalgeistes, einer ähnlichen Kultur u. s. w., in mehr oder weniger stark ausgeprägter Form zukommen. Auf diese Eigentümlichkeiten werden wir uns also, dem Titel nach, zu beschränken haben. Welcher Art dieselben sind, wird die Abhandlung selbst am besten zeigen. [1]

Bisher habe ich bloß negativ den Umfang des Themas festgestellt; es erübrigt die positive Bestimmung seines Inhaltes. Statt aller weiteren Auseinandersetzungen gebe ich hier folgend eine Übersicht, welche in ihrer streng logischen Fassung einige Gewähr dafür leisten dürfte, daß derselbe innerhalb der oben bestimmten Grenzen auch erschöpft werde.

I. Welche Mittel wählt der Dichter, um seine Gedanken und Vorstellungen zum Verständnis zu bringen?

1) Welche Ausdrücke wählt er zur Bezeichnung der Gegenstände?

2) Welche zur Bezeichnung der (anhaftenden) Eigenschaften?

---

[1] Obgleich es nicht unmöglich wäre, aus einer stilistischen Detailuntersuchung für die Kritik nutzbare Folgerungen zu ziehen, habe ich mich dennoch zu dergleichen Ausflügen auf ein dem Thema fremdes Gebiet nicht verleiten lassen. Ein analoger Versuch Schollrs ist eingestandenermaßen nicht gelungen; der Grarvelle, die Charakteristik der Personen des Rolandsliedes zum Zwecke der Kritik zu verwenden steht mit dieser Abhandlung nur in ganz entfernter Beziehung

3) Welche zur Darstellung der Handlungen und Zustände?

4) Welche Mittel stehen ihm zu Gebote, um aus diesen Elementen den Ausdruck eines Gedankens zu gestalten?

II. Welcher Mittel bedient sich der Dichter, um auf die Phantasie und die Empfindung seiner Zuhörer Eindruck zu machen?

1) In Bezug auf Gegenstände und Personen (epitheton, Apposition u. s. w.) Vergl. I. 1.

2) In Bezug auf Handlungen, Zustände, Eigenschaften. (Wahl des tempus, Umschreibung, adverbiale Bestimmung, Negation und Vergleich.) Vergl. I. 2 u. 3.

3) In Bezug auf die Satzbildung (Wort- und Satzstellung). Vergl. I. 4.

Anhang: der Ausruf, die Sentenz u. s. w.

III. Welcher Mittel bedient sich der Dichter um aus allen diesen Elementen eine fortlaufende Erzählung zu bilden?

I. Kapitel.

§. 1. Die Wahl des Ausdruckes zur Bezeichnung der Gegenstände.

Es kann hier nicht die Aufgabe sein, sämtliche im Rolandsliede vorkommenden Substantiva aufzuzählen und nach Bedeutung und Gebrauch zu klassifizieren und zu rubrizieren — dieses Geschäft gehört der Lexikologie und Synonymik an. Wir werden vielmehr bloß diejenigen Gegenstände in Betracht ziehen, die in jedem Epos von besonderer Bedeutung sind, und den Gebrauch, den unser Dichter von den betreffenden Ausdrücken macht, werden wir bloß in so weit untersuchen, als derselbe für die epische Darstellungsweise charakteristisch ist.

Waffen. Von weitaus größter Wichtigkeit für die Handlung sind in unserem und den meisten Epen die Waffen. [1] Für alle innerhalb dieses Anschauungskreises oder ihm verwandten Gegenstände, bis ins kleinste Detail hinein, bietet denn auch die epische Sprache spezielle Benennungen; natürlich auch den spezielsten Bezeichnungen fallenden und das generelle durch die Sprache ermöglicht.

---

[1] Über Waffen und Rosse im altfranzösischen Epos vergl. Tobler in der Zeitschrift für Völkerpsychologie 1866 IV., p. 199 f.

Charakteristisch für den epischen Stil des Rolandsliedes ist nun, daß der Dichter nur in wenigen Fällen von Waffen im allgemeinen (armes guarnement) [1] spricht; in der Regel bezeichnet er vielmehr die einzelnen Waffenstücke.

Wie viel einzelne Waffen (und Waffenteile) und in welcher Reihenfolge er dieselben in jedem Falle aufzählt, das hängt zunächst von der jedesmal zu Grunde liegenden Anschauung ab; daß aber diese Waffenaufzählungen sich zu mehreren Gruppen mit mehr oder minder bestimmten Typen vereinigen lassen, soll im folgenden gezeigt werden. —

1) Das Anlegen der Waffen. — Durch die Natur der Sache ist hier, so weit nicht besondere Umstände eine Abweichung veranlassen, [2] sowohl Vollständigkeit der Aufzählung als auch Gleichheit in der Reihenfolge vorgeschrieben. Die Eigentümlichkeit des epischen Stiles liegt hier nur darin, daß der Dichter, die wenigen Fälle ausgenommen, wo er sich mit einem bloßen „aduber" [3] begnügt, diese Aufzählung auch stets von neuem vornimmt, und zwar stets in derselben einen festen Typus involvierenden Form. Als Beispiel citiere ich

[1] B. 100, 399, 1420, 1552, (2850) und vor allem in der Bal.-Episode bei Beschreibung der französischen Heeresabteilungen: 3002, 3040, 3047, 3064.
[2] B 345 bei der Rüstung Gan. zur Abreise werden nur Sporen und Schwert erwähnt: Als Bote trug er in der That keine anderen Waffen. S. B. 443 und 463 f. Vergl. auch die Abreise der Boten des Marf. 91 f. B. 2499 f. nennt der Dichter bloß Halsberg, Helm und Schwert, B. 3114 f. nur Schild und Speer; beides ganz sachgemäß, sofern nur die doppelte Voraussetzung gilt, im ersten Falle, daß mit der Lanze (2497) auch der Schild ausgeschlossen ist, im zweiten, daß Karl, als er zum Gebete abstieg, ihm die Waffen ablegte. Ebenso sachgemäß ist es endlich, wenn B. 2572 erzählt wird, daß Marf. bei seiner Ankunft in Sarag. des Schwertes, Helmes und Panzers sich entledigt; der Schild wird nicht genannt, denn Marf. war geflohen, die Lanze nicht, denn Roland hatte ihm die rechte Hand abgehauen. Die Reihenfolge in der Aufzählung der Waffen ist hier die umgekehrte wie die beim Anlegen derselben übliche, auch dies der Wirklichkeit entsprechend. In allen 4 Fällen ist demnach die Abweichung in Bezug auf Zahl und Reihenfolge der Waffen sachlich motiviert; das sind Spuren eigener Anschauung.
[3] 1143, 3000, 3134: an letztgenannter Stelle bringt übrigens die folgende Tirade die ausführliche Darstellung.

hier die Stelle, wo Pinabels und Tierris sich zum Kampfe rüsten (3863—3868):

Lur esperuns, unt en lor piez calcez
[1]
vestent osbercs blancs e forz e legers
[2]
lur helmes clers unt fermez en lor chefs
[3]
ceinent espees enheldees dor mier
[4]
en lur cols pendent lur escuz de quarters
en lur puinz destres unt lur trenchanz
[5]
espiez.

Als Vergleich biene die Stelle, an welcher sich der Dichter, in kürzerer Form berichtend, von dem vorhergehenden Schema am weitesten entfernt. 1797—1800:

(Franceis descendent, si adubent lor cors)
[1] [2] [3]
d'osbercs e de helmes e despees a or
[4] [5]
escuz unt genz e espiez granz e forz
(e gunfanuns blancs e vermeils e blois).

In der ersten Stelle werden auch die Sporen, in der letzteren noch insbesondere die Lanzenfähnchen erwähnt. Die (in den angeführten Versen bezifferten) Waffen bringen alle entsprechenden Stellen [1] in gleicher Zahl und Reihenfolge.

2) Die Schilderung des Heeres. — Hier ist die in den oben behandelten Fällen innegehaltene Reihenfolge der Waffen durch keinen in der Natur der Sache liegenden Grund mehr geboten; dennoch wird sie überall mit Ausnahme einer Stelle gewahrt. [2]

711—713: Halbercs vestuz e tres bien fermez
[1] [2] [3]
healmes lacez e ceintes lur espees
[4] [5]
escuz as cols e lances adubees.

Diese Verse zeigen deutlich, daß in Zahl und Reihenfolge der Waffen, ebenso wie im Ausdruck, der im vorhergehenden dargestellte Typus maßgebend war; und ähnlich verhält es sich mit den übrigen hierhergehörigen Stellen, wenn auch nicht immer Vollzähligkeit vorhanden ist.

[1] S. außer den o. angef.: 995 ff., 2988 ff., 3141, 3864.
[2] 683 f., 711 f., 3088; 3079 steht der Helm voran. Die Stelle 3055 entspricht einem anderen Typus.

1*

Ganz anders verfährt der Dichter da, wo ein Heer als in der Ferne sichtbar vorgestellt wird: Es entspricht vollkommen der Anschauung, wenn hier nur die in der Sonne glänzenden und blitzenden Waffen, als die allein bemerkbaren, genannt werden: 1031—1033.

Luisent cil elme ki ad or sunt gemez
e cil escuz e cil osbercs safrez
e cil espiez cil gunfanun fermez.[1]

3) **Der Einzelkampf.** — Bei der sehr häufig wiederkehrenden Schilderung desselben werden jedesmal in strenger Reihenfolge die Waffenstücke genannt, welche von der Lanze oder dem Schwerte des Gegners getroffen werden, also beim Lanzenkampf der Schild (öfters mit Erwähnung des „bucle") und der Panzer (osberes oder brunie, zweimal auch targe ohne markierten Unterschied, aber mit Bevorzugung des ersteren), beim Schwertkampf in erster Linie der Helm (öfters nebst dem „nasel"), darauf, je nach der Wucht des Hiebes, Panzer (3mal brunie, 3mal osberes) und Sattel, alles auch hier zwar der Wirklichkeit entsprechend, aber meist in formelhafter Manier.[2]

4) **Die Schilderung des allgemeinen Kampfes.** — Teils wird hier, mit Innehaltung der Formel ferir des espiez und ferir des espees, bloß der Speer[3] oder Speer und Schwert oder, in einem Falle, auch bloß das Schwert[4] erwähnt; teils werden in ausführlicherer, auch der Form nach gänzlich

[1] 1022, 1041, 1152 (wo „luisent" richtige L. A. ist), 3306; 1809 f. ist die Reihenfolge des ersten Typus festgehalten; 857 werden bloß die „gunfanun" erwähnt. Über einige der hier citierten Stellen wird w. u. gehandelt.

[2] Über diese Kämpfe s. das Nähere w. u. Hier sind nur folgende Einzelheiten zu bemerken: An den Stellen 1311 u. 1355 wird der „osberes", 1945 der „escuz" nicht erwähnt, jedesmal mit Fug und Recht, wogegen für die Auslassung des Panzers 1568 u. 1660 und des Helmes 1371 sachliche Gründe mir nicht ersichtlich sind. In freierer Weise geschieht die Aufzählung der durch die Wurfgeschosse der Sarazenen getroffenen Rüstungsstücke des Turp. 2077 f. u. des Rol. 2157 f.

[3] 1620, 3351, 3475.

[4] 3101, wo 100000 Schwerter gezogen werden, weil die Lanzen den Dienst versagen, und dem angemessen 3418: 1680 kämpft Turp. mit dem Speer, während Rol. und Ol. mit dem Schwerte dreinhauen; ganz richtig, da beider Lanzen schon zerbrochen sind. (S. 1323, 1352).

[5] 3561 beim letzten allgemeinen Kampfe. Vergl. dazu 3401.

abweichender Darstellung Lanzenjschaft, Speer, Schild. Halsberg und Helm[1] genannt. Ganz allein steht, die Aufzählung betreffend, die Schilderung B. 1968 f. wo Ol.:
trenchet cez hanstes e cez escuz buclers
e piez e poinz e seles e costez.

5) **Die Wirkungen des Kampfes.** — Nur wenige Stellen geben, bei der Schilderung derselben, die Aufzählung der zerbrochenen, zersetzten und blutigen Waffen. Wenn auch die in diesen Stellen vorkommenden Waffen nicht ganz dieselben sind, so ist doch die Angleichung der Form unverkennbar.[2]

6) **Das Auftreten der Ritter vor dem Kampf.** — Der Anschauung ist es adäquat, wenn hier diejenigen Waffen und Waffenteile erwähnt werden, deren Handhabung des Ritters stolzen Mut erkennen läßt: dann schwingt der Held die Lanze, die Spitze (amure) gen Himmel oder gegen den Feind gerichtet, die Franzen des gunfanun fallen auf den Helm oder die Hände herab. Doch läßt sich, trotz verwandter Züge, ein bestimmter Typus um so weniger konstatieren, als die Stellen dieser Art selten sind.[3]

Ganz unmöglich ist dies bei der Aufzählung der Feldzeichen, da diese nur einmal vorkommt, und auch die zweimalige der feindlichen Wurfgeschosse bietet kein genügendes Material.[4]

Tiere. Ähnlich wie bei den Waffen verfährt der Dichter da, wo Tiere erwähnt werden. In enger Verbindung mit dem Ritter und seinen Waffen steht das Pferd. Der gewöhnliche Ausdruck für Schlachtroß ist destrers[5]; indessen bedient sich hierfür der Dichter nicht

[1] Nur 2 Stellen: 2537 f. (des Kaisers Traum) und 3482 f. (Bal.-Schlacht). Beide sind der Form nach eng verwandt. (Vergl. den unter 2 an zweiter Stelle behandelten Typus): dieselben Waffen werden angeführt, und auch die Reihenfolge wäre dieselbe, wenn nicht Speer und Schild den Platz vertauscht hätten. Doch läßt sich neben dem Formelhaften auch das Individuelle erkennen: (f. 3483 cez escuz si mal mis).

[2] „tante hanste ind fraite —"), verglichen mit Cl. Klage 2050: (ma hanste est fraite —). An den beiden letztgenannten Stellen ist Zahl und Ordnung der Waffen dieselbe.

[3] 1154, 3005, 3327.

[4] 3330, 2074, 2154. Vergl. auch die Aufzählung der Schiffe 2467 (2728).

[5] 347, 792 ꝛc.

selten auch des allgemeinen Begriffes cheval ¹).
Ganz anders verhält es sich bei den Ausdrücken: palefreid, sumer, runcin, deren streng
bestimmter Begriff jede Anwendung in weiterem
Sinne ausschließt. V. 1000 f. wird palefreiz
dem destrer entgegengesetzt, und 701 ist gar
kein anderer Ausdruck möglich als sumers,
welcher einerseits zu dem Schlachtroß, andererseits zu dem auf Reisen gebrauchten Pferde den
Gegensatz bildet (481). In der Aufzählung
V. 756 ff.: palefreid ne destrer, ne mul ne
mule" ist entschieden eine Steigerung beabsich-
tigt; 2811 endlich wird von den Sarazenen
gesagt, daß sie die „chevals" und die „muls" be-
steigen: vollkommen korrekt: Es handelt sich
hier eben nicht um den Kampf, sondern um den
Marsch der Truppen.

Die übrigen Tiere werden nie bloß durch den
allgemeinen Ausdruck „animal" oder „beste"
bezeichnet, sondern mit Ausnahme von V.
2436 (ne beste ne lion) giebt der Dichter
ähnlich wie bei den Waffen immer eine voll-
ständige Aufzählung. ²)

Kleinodien. Auch bei Kleinodien und
Schmucksachen genügt dem Dichter nur selten
ein allgemeiner Begriff (z. B. aveir) ³); lieber
bedient er sich der Ausdrucksweisen: or e
argent ⁴). „besanz" und „manguns" ⁵), „ma-
tices" e „iacunces" ⁶) „palies" e „ciclatuns"⁷)
„ametistes e topazes, esterminals e carbuncles." ⁸)

Bäume. Der Thron des Herrschers be-
findet sich gewöhnlich unter einem Baum. Aber
nur ein einziges Mal ⁹) findet sich bloß diese

allgemeine Angabe; in allen andern Fällen
wird die Art bestimmt: Karl der Große thront
unter einer Tanne; ebenso Marf.; Bal. wird
hingegen von einem Lorbeer beschattet. Unter
einer Tanne stirbt Roland. Bei einer Olive
hat Bl. den Gan. erwartet, und unter einer
Olive finden wir den verwundeten Marf.;
unter ebendemselben Baume steigen die
Boten Bal. ab. ¹)

Im Anschluß möge hier erwähnt sein, daß
der Dichter nur selten von der Gegend im
allgemeinen spricht; ²) er redet vielmehr
von Berg und Thal, von Hügel und
Ebene, von Pässen (destreiz) und Anhöhen
(tertres). ³)

Aus den im vorhergehenden erwähnten
Einzelfällen geht deutlich hervor, daß durch-
gehends der Artbegriff vor dem Gattungsbegriffe
den Vorzug hat, mit a. W.: Ein Charakte-
ristikum des Stiles im Rolandsliede
ist die Anschaulichkeit. Sie wird hier wie
überall, direkt oder indirekt, die Folge eigener
Anschauung sein. Neben diesem den Stil be-
dingenden Moment finden wir in den aufgezählten Fällen ein zweites, nicht minder stark
influierendes, die epische Tradition.

Von besonderem Interesse für die Tagierung
von Maß und Art der Wirkung dieser beiden
Momente ist die Vergleichung der zahlreichen
die Waffen und das Waffenhandwerk betreffenden
Stellen; dieselbe hat uns gezeigt, wie auf Grund
vorhandener Anschauungen sich durch Verhärtung
der Form wenige bestimmte Typen gebildet
haben; noch mächtiger erweist sich die Wirkung
der Tradition da, wo, wie oben konstatiert
wurde, der für eine Klasse von Anschauungen ausgeprägte Typus auf eine ganz
andere Kategorie übertragen ist. Die
bloße Lektüre oder oberflächliche Betrachtung
kann daher wohl den Eindruck zurücklassen, als
sei unter der Masse der Formelhaften die erste
Erzeugerin selbst, die Anschauung, erdrückt, tot.
Eine dem gegenüber auffallende Thatsache konnte
nur die alle Einzelfälle heranziehende Untersuchung aufdecken: Es ist die unter der Hülle
der Formel fortlebende und fortwirkende Anschauung.

¹) 1125, 1153, 1197 u. s. w.
²) Wo Tiere aufgezählt werden, handelt es sich entweder um Geschenke an Bären, Löwen, Kamelen, Hunden,
Falken, Maultieren (30—32, 128—130, 847) oder um
die Eber und Hunde, welchen nach der Schlacht die
Leichname der Helten zum Raube fallen (1751, 2591).
Endlich erscheinen dem Kaiser im Traume Bären, Leo-
parden, Schlangen (guivres, serpenz) Drachen und
averser (Gautier: diables) u. mehr als 30000 Greifen
2542 ff. Später greift ihn ein Löwe, das Symbol des
mächtigen Palig., an. 2549. Hierber gehört auch, daß
2968 die Leichname des Rol., Ol. und Turr. in Hirsch-
häute gewickelt werden.
³) 570, 655, 678.
⁴) 32, 75, 100, 398, 645, 846.
⁵) 132, 621.
⁶) 638.
⁷) 816.
⁸) 16·1 ff. (Vergl. 2296).
⁹) 2874.

¹) 114, 165, 168 (vergl. 2884), 407, 2651, 2357
(vergl. Par. 2287, „desuz un arbre"), 366; 2571, 2705.
²) 709, 1455.
³) 856, 1085. Vergl. 3305; 805.

Ihren lebendigen Einfluß verraten alle die oben in den Anmerkungen näher behandelten Stellen, in welchen aus sachlichen Gründen die typischen Formen modifiziert oder zerstört erscheinen. Oder wollte man diese „Modifikationen" etwa einer nachträglich sich geltend machenden Verstandesreflexion zuschreiben?

Zu einer neuen Untersuchung über den Bildungsprozeß der Volksepen ist hier nicht der Ort. Mit der oben konstatierten Thatsache müßte sich dieselbe jedenfalls abzufinden suchen.

§. 2. Die Eigenschaften.

Adjectivum und verbum intransitivum. Die Tradition ist auch von Einfluß gewesen für die Ausdrucksweise bei den dem Gegenstande zukommenden Eigenschaften. Da für unsere Frage die gram. Form von keiner Bedeutung ist, so behandeln wir hier gleichzeitig das adjectivum und das verbum intransitivum, sofern durch dasselbe eben eine Eigenschaft bezeichnet wird.

Gegenstände. Auch hier sind naturgemäß Waffen und Schlacht wieder von besonderer Bedeutung. Wo ein Heer sich zeigt, ist die jedesmal hervorgehobene Eigenschaft der Waffen, daß sie blitzen und funkeln;¹) in der Schlacht oder beim Einzelkampf zerstückeln und brennen die Lanzen (fruissent. ardent), die Halsberge krachen (cruissent) u. s. w. ²)

Bei den Pferden wird, einen Fall ausgenommen,³) stets nur die Schnelligkeit lobend erwähnt. ⁴) — Die Schlacht selbst endlich ist „aduree, forz. merveilluse, pesant; grant: mult dure a afichee: der Zusammenstoß (caples) ist dulurus e pesmes. ⁵)

Überall scheint hier die persönliche Erfahrung hindurch; sie ist eben die Quelle, aus welcher der poetische Genius schöpft. Aber anderseits darf man nicht übersehen, daß zwischen dieser eignen Anschauung und dem Gedicht schon etwas in der Mitte liegt; die Waffen werden oft genug in der Sonne geblitzt haben, manche Lanze und mancher Schild wurde gewiß in hartem Kampfe gebrochen und zersetzt, wuchtige

Hiebe wurden wohl jedesmal ausgeteilt, in vielen hartnäckigen Kämpfen ist das Blut der Helden geflossen, und gewiß hat die poetische Wiedergabe dieser Wirklichkeit auf die Gemüter und Sinne der tapferen Krieger selbst, jener ersten Zuhörer des fahrenden Sängers, einen nicht geringen Zauber ausgeübt — aber eben so gewiß ist, daß die Wiederholungen des Gedichtes nicht ebenso stattfanden für den Krieger, und ebenso gewiß ist, daß dieser selbst doch noch mehr von der Schlacht zu sagen gewußt, als daß sie hart, groß ic. gewesen sei: kurz die individuellen Züge beginnen bereits zu erlöschen unter der Hand eines Dichters, welcher der unendlichen Mannichfaltigkeit des Wirklichen den nun ein für allemal gültigen Stempel aufdrückt.

Dieses Zurücktreten des Individuellen unter der Herrschaft einer traditionellen Ausdrucksweise mag wohl gleichen Schritt gehalten haben mit der Entwickelung des epischen Liedes der Sippe zum nationalen Epos. Das Prinzip der epischen Tradition beim fahrenden Sänger liegt auch hier so zu sagen im Streit mit dem Prinzip der eigenen Anschauung des Kriegers, der mit dem, was er selbst erlebt, gesehen, gehört hat, auch auf die Sinne und die Phantasie seiner Zuhörer zu wirken weiß. Zuzugeben ist, daß in unserem Epos die Schlacht und was zu ihr in Beziehung steht, noch individuelle Züge in genügender Menge bietet. —

Anders verhält es sich mit solchen Gegenständen, welche das Leben unserer Helden weniger tief berühren, bei denen uns weit weit weniger berartige charakteristische Züge. Wenn Ol. die Thäler und Höhen überblickt, wie sie überflutet sind von der Menge der feindlichen Truppen, wie sie wiederhallen von den Signalen der Trompeten,¹) so haben wir ein Bild, das noch deutlich die Spuren eigener Anschauung trägt, ein lebensvolles Gemälde „vor der Schlacht" — aber lassen wir Schlachten und Kämpfe einmal beiseite, was sagt uns der Dichter vom Anblick der Gegend selbst? Die Berge sind hoch²) und groß, ³) die Thäler tief und finster ⁴),

---

¹) 1809, 1031, 1043, 3306.
²) 2537 ff., 3482 ff. Vergl. 3586, 3879 f., 3386 f.
³) 1652—1657 (Beschreibung des Pferdes Turpins).
⁴) 1529, 1555, 1573 ic.
⁵) 1460, 1713, 3476, 1412 (vergl. 3381), 1620, 3393
3403 (vergl. 3304).

¹) Vergl. 3633: die Feinde fliehen, da erhebt sich der Staub.
²) 814, 1830, 1755, 2271.
³) 1830.
⁴) 814, 1831.

die Felsen schwarz, die „destreiz merveillus", ¹) die Waffer ftrömend, ²) und die Bäume, unter welchen Roland ftirbt, find „sehr hoch". ³) Das alles mag ja nicht ungeeignet fein, unsere Stimmung für die nahen unheilvollen Ereigniffe vorzubereiten, aber es dient nicht im geringften dazu, uns eine Anschauung von dem Orte der Begebenheiten zu verschaffen; werden doch die Berge ebenfo wie die Thäler als „tenebrus" gefchildert! ⁴) Und Ähnliches findet fich bei der Schilderung der Zeit: Es ift Tag — der Tag ift hell (clers⁶) und die Sonne ift hell (clers⁵) und ftrahlend (luisanz); ⁶) es ift Nacht — und auch die Nacht ift hell (clere ⁸) und auch der Mond ift hell (clere ⁷) und ftrahlend (luisante. ⁸) Diese Beifpiele werden wohl genügen, um zu zeigen, wie wenig Reichtum und Schärfe der Anfchauung auf diefem Gebiete unferem Dichter eigen ift. ⁹)

Perfonen. a) Namen und fonftige Bezeichnungen. Wir gehen zu den Perfonen der Helden felbft über; es wird fich zeigen, in welchem Umfange der auf dem Gebiete der Naturfchilderung herrfchende Mangel an individueller Charakteriftik auch hier Platz gegriffen hat.

Eingeführt werden die Helden auf die einfachfte und natürlichfte Weise durch Nennung ihres Namens, ¹⁰) und diefe Bezeichnung wird in der Regel auch beibehalten. ¹¹) Ob Titel, Abftammung, Vaterland beigefügt wird oder nicht, hängt wohl vielfach vom Versmaß ab. Ganz ohne Einfluß fcheint jedoch auch die epifche Tradition nicht gewefen zu fein. Wenn

einige Namen Titel oder Beinamen nie, ¹) andere immer ²) bei fich führen, wenn bei einigen Helden die Herkunft ftets, ³) bei vielen aber gar nicht erwähnt wird, fo ift dies doch wohl ein Fingerzeig für die mehr oder minder ftarke Stabilität der trabitionellen Form. Von befonderem Intereffe aber wird diefer Punkt, diejenigen Perfonen die Tradition am ftärkften in diefer Beziehung wirkt, welche in unferem Epos nur Nebenfiguren und ohne individuelle Züge find. ⁴)

Am mächtigften tritt die Wirkung der Tradition hervor bei Geters und Gerins;⁵) beide werden ftets zufammengenannt: In der Verfammlung ftehen fie nebeneinander,⁶) vereint bieten fie ihre Dienfte Rol. an;⁷) in der Schlacht befiegt der eine Malprimes und fofort tötet der andere den Amurafle,⁸) ja fie find fo ineinander verwachfen, daß der Dichter fie gemeinfchaftlich einen Feind überwinden läßt.⁹) Dem entfpricht denn auch, daß fie in unmittelbarer Folge durch denfelben Helden, (Grandonies,¹⁰) den Tod erleiden. Das alles ift ficherlich kein poetifches Bild der Wirklichkeit.

b) Äußeres. Der Darftellung des Äußeren feiner Helden widmet der Dichter häufig kleine, die Handlung unterbrechende, Befchreibungen.¹¹)

---

¹) 815.
²) 1831.
³) 2271.
⁴) 1830.
⁵) 157.
⁶) 2646, 3345.
⁷) 3659.
⁸) 2512.
⁹) Vergl. 717, 3560, 3658, 737 (667, 2845), wo der Dichter Abend und Nacht fchildert.
¹⁰) Ausgen. Aelroth, der 860 als „nies Marx." auftritt.
¹¹) Rol. heißt 2190 le barun, (wofür Gautier les barons fetzt!), und Ol. 1505 li quens. Tierris wird erft mit Namen genannt 3806, dann aber 3819 als frere gefrei bezeichnet. Wenn Turp. fehr häufig nur li arcevesques heißt, fo zeugt dies ficherlich für die Popularität des kriegerifchen Bifchofs, gerade wie bei dem noch heute populären Karl dem Großen es nicht auffallen kann, wenn er nur als empereres bezeichnet wird.

²) Dies 795, 2432. Gerart de Rossillon 797, 1896, 2189, 2409, Engelers 1289, 1494, 2407. (1261 fteht Engelers entfchieden irrtümlich).
¹) „Sansun li dux" 1275, 1531, 2408, Oger ift 170 dux, 3033 quens und 3546 danz. Richard heißt ftets li velz 171, 3050, Gerart d. R. 2189 und 2409.
³) Gerart, Engelers, Gefrei (ausgen. 3806).
⁴) S. die verfchiedenen Benennungen bei Berengar, Anfeis, Acelin, Gualters. Daß Gan. in den meiften Fällen nur mit Namen bezeichnet wird, während Rol. u. Ol. häufig li quens, li bers heißen, ift vielleicht nicht bloßer Zufall.
⁵) Vergl. 940 f. (Efturganz und Eftramariz). Man bem. in beiden Fällen die Alliteration.
⁶) 171.
⁷) 794.
⁸) 1261 (wo Gerins ftatt Engelers zu lesen ift), 1269.
⁹) 1379, 1380.
¹⁰) 1575, 1580, vergl. 2404.
¹¹) Nur selten find bergl. Angaben in die Handlung felbft eingeflochten. S. 1596, wo Grandonies Roland an feinem Äußeren erkennt, 1771, wo Gan. fich auf das Greifenalter Karls des Großen beruft, 3502 bei der Botfchaft, die Gemalfin dem Ballig. erftattet (Befchr. Karls), 3515 in der Antwort des Jauglen und 3900, wo Tierris den Pinabel zum Aufgeben des Kampfes auffordert.

Ihr Antlitz schildert er uns darin als „fier"[1] oder „cler"[2], als „clere riant"[3], als „vairs" und „gente color".[4] Bart und Haare Karls, Bal., selbst aller[5] französischen Ritter der 10. Abteilung sind weiß (blancs, fluriz). Der Körper fast aller Helden, deren Äußeres beschrieben wird, ist gent[6], bei Gan. und den Rittern der 10. Abteilung ist er gaillarz[7], bei Karl und Malprimes „granz" oder granz e forz.[8] An mehreren Stellen endlich wird die „cuntenance" im allgemeinen geschildert.[9] Da diese Ausdrücke sich fast wörtlich für verschiedene Personen, selbst für eine ganze Armee wiederholen, können sie unmöglich der Darstellung des Individuellen dienen; also auch hier die Herrschaft des Formelhaften![10] Diesem Mangel kann auch durch Häufung der obengenannten und ähnlicher Eigenschaftswörter nicht abgeholfen werden, oder gewinnt die Zeichnung etwa an Schärfe und Bestimmtheit, wenn der Held „granz e forz e vassals e isnels" oder „vaillanz, bels e forz e isnels" genannt wird?[10a] Ebenso wenig bewirken eine individuelle Charakterisierung des Äußeren die vergleichenden Ausdrücke „resemblet marchis" oder „resemblet barun"[11]. Diese Bezeichnungen passen eben auf alle Helden; man vergleiche, um dies zu konstatieren, Karl den Großen (118, 142) mit Gan. (305, 3763), diesen und Karl den Großen in den angeführten Bv. mit Rol. (1597), Karl den Großen (3115, 3502) mit den Rittern der 10. Abteilung (3086 f.) und mit Bal. (3160 ff., 3173), Pinab. (3839) mit Margariz (1312), und man wird bei allen diesen Personen den gleichen Familientypus, ja

---

[1] So in Bezug auf Karl den Großen 142, auf Gan. 304, auf Roland 1597, auf den Amurafle 895, auf Balig. 3161.
[2] 3116 Karl der Große, 895 der „amurafles", 3161 Bal.
[3] 1159 Rol.
[4] 304, 3763 Gan.
[5] 117, 3503, 3162, 3173, 3087.
[6] 118, 3115 (Karl), 305 (Gan.), 1597 (Rol.), 895 (der Amurafle).
[7] 3763 3086 cf. 3115 (Karl: „gaillart e benscant)
[8] 3502, 3177.
[9] 118, 3116, 1598, 3086.
[10] Selbst die Konstruktion ist in der Regel dieselbe: der Ritter ad le cors gent, la cuntenance bele rc.
[10a] Ueber die Steigerung des Ausdrucks durch Haarung vergl. Tobler n. a. O. p. 159.
[11] 3502, 3172.

---

noch mehr als dies, wiedererkennen.[1] Damit ist natürlich nicht gesagt, daß der Dichter nicht auch individueller charakterisieren könne. So finden sich in der ausführlichen Schilderung des Bal. neben den konventionellen Zügen auch ihm eigentümliche. Charakteristisch ist es auch, wenn Karl an der Gestalt im allgemeinen, Rol. insbesondere an dem Blick erkannt wird. Die Haare des Chernubles, die „josquala tere li balient", die einen halben Fuß breite Stirn des Falsarun, die schwarze Gesichtsfarbe des Abisme, alles dies sind individualisierende Merkmale. Tierri's Gestalt weicht vom allgemeinen Typus gänzlich ab, und für den amurafle de Balaguez ist wenigstens das eigentümliche, daß er hoch zu Roß dargestellt wird. Fast selbstverständlich ist es, daß alle Helden an Körperkraft das Normalmaß überragen; aber charakteristisch für Chernubles ist es, wenn der Dichter bei ihm eine ganz bestimmte Anschauung von derselben giebt: So viel als 4 Maultiere vermag er zu schleppen.[2]

Oefters lernen wir solche charakteristischen Züge auch auf indirekte Weise kennen — durch die hervorgebrachte Wirkung; so schätzen wir Pinab. Kraft nach der Wucht seiner Hiebe, Gan. und Margariz. Schönheit nach den Blicken der Ritter und dem holdseligen Lächeln der Damen.[3]

c. Seelische Eigenschaften. Auch die seelischen Eigenschaften[4] lernen wir meist in jenen kleinen, schon oben besprochenen Schilderungen kennen; einige Male finden sie sich in die Berichterstattungen von Boten, Gesandten und anderen Personen eingeflochten; So schildern uns Gan., der amurafles, Brunim., ein „Sulians" den Charakter Karls,[5] und während der Schlacht beurteilen die Helden, besonders Rol. und Turp., die Thaten und Heldentugenden ihrer Kriegsgefährten.[6]

---

[1] Vergl. Pigeonneau: Le cycle des croisardes p. 91.
[2] 3149—3162, 119, 1598, 976, 1217, 1635, 3820 ff., 896, 977 f.
[3] 3810; 306; 957 ff.
[4] Selbstverständlich handelt es sich hier nicht um die Charakteristik an sich ihrem Inhalte nach. Über die Charakterschilderung in den altfranzösischen Epen überhaupt vergl. Ann. a. O. p. 177 ff., u er die der Helden im Rolands-Liede speziell: Graevell, die Charaktere der Personen im Rolands-Liede. Die Tendenz dieses Buches bezieht sich jedoch auf einer dieser Abhandlung fremd des Gebiet.
[5] 530 536, 905 f.; 2732 ff., 3132.
[6] 1280, 1288, 1349, 1376 f., 1441, 1515 f., 1869.

9

Mut und Tapferkeit. Die dominierende Eigenschaft ist in dem Heldenepos der Mut, die Tapferkeit; auch ist das Vokabularium unseres Dichters mit diesbezüglichen Ausdrücken und Wendungen wohl ausgestattet: die Ritter sind proz und prozdume, vaillant hume, noble guerrer, fier, maneviz und orguillus, hardi, vertuus und von großer vertut, sie haben estultie und puissent el camp.[1] Bereichert wird dieser Wortschatz noch in doppelter Hinsicht: einmal durch negative Wendungen wie „ne volt estre cuard"[2], dann durch Ausdrücke, welche, dem Rittertum entnommen, den weiteren Begriff der ritterlichen Tugend, der Tapferkeit, angenommen haben. Hierher gehören, Zeugen des Einflusses, den diese Institution auch auf Sprache und Poesie ausgeübt hat, folgende Wörter und Wendungen: vassal und vasselage[3], teils mit, teils ohne Attribut; ber, barnet, barnage[4] und chevalers, chevalerie[5], alle stets, mit Ausnahme einer Stelle[6], in Begleitung eines den Sinn präzisierenden Attributs. Vergleichsweise finden sich die Wendungen: cume vassal, cume ber, en guise de baron, cume chevaler gentill.

Eine Vergleichung aller dieser Ausdrücke hinsichtlich der Anwendung auf die verschiedenen Personen lehrt, daß der Dichter sich der Nüancen der Begriffe zu dem Zwecke einer näheren Charakterisierung im allgemeinen nicht bedient. Nur in einigen wenigen Fällen erhalten die spezifischen Merkmale dieser Begriffe ein solches Relief, daß sie zur individuellen Charakteristik beitragen; dies geschieht 1) da, wo die durch einen der oben aufgeführten Ausdrücke bezeichnete Eigenschaft einem Ritter bloß bedingungsweise zugesprochen wird[7], und 2) an denjenigen

[1] 26, 296, 1593, 2068, 3180, 3516, 3915; 2045; 2068; 1111, 3086, 3133, 3175; 2027, 3352; 1594, 1246; 1639=2606, 3528; 3049.
[2] 888.
[3] 25 Blanc., 231=775 Reimes, 352 Gau., 1094 Rol. u. Ol., 1123 Rol., 1594 Granden, 1639 Abisme.
[4] 125 Mari., 531, 535, 2354, 2737 Charlem., 648 Gau., 1983 Ol.
[5] 1311 Marg., 1673 Turp., 2067 Guall., 3352 Rabels, 1877 Rol.
[6] 1877.
[7] 3761 Gau., 899 der „amurafles," vergl. 960. Wenn dem Climber 1185 wegen seiner Beteiligung an Gan. Verrat die Eigenschaft eines „produme" abgesprochen wird, während der eigentliche Urheber Blanc V. 26 als solcher ausdrücklich bezeichnet wird, so liegt darin insofern kein Widerspruch, als für letzteren die angemessene Beschränkung sofort folgt.

R.

Stellen, wo der Dichter einer Tugend, der Kühnheit, durch Zusammenstellung mit einer anderen, ihr in gewissem Sinne entgegengesetzten, der Weisheit, größeres Gewicht verleiht, mögen nun beide Tugenden an demselben Helden gerühmt werden, wie bei Gan. und Turp.[1], oder mögen sie auf zwei Helden gegensätzlich verteilt sein, wie bei Rol. und Ol. [2]

Dem moralischen Charakter der Ritterlichkeit entgegengesetzt ist die „felonie". Als „fel" werden nur einige Sarazenen und Gan. bezeichnet.[3] Es ist aber wohl zu beachten, daß diese Charakterisierung Mut und Tapferkeit nicht ausschließt.[4] Zu diesen bildet das Gegenstück vielmehr die „cuardie", ein Laster, welches in unserem Heldenepos niemandem, auch nicht dem niederträchtigsten Heiden, vorgeworfen wird: die Ausdrücke „cuard" und „cuardie" finden sich nur in negativer Anwendung.

Weisheit. Während für Mut und Tapferkeit eine Fülle von Ausdrücken und Wendungen vorhanden ist, werden die auf Wissen und Verstand bezüglichen Eigenschaften nur sehr kärglich bedacht. Nur an wenigen Helden wird ausdrücklich die Weisheit gerühmt, indem sie als saive, saive hume, sage, de grant saveir[5] bezeichnet werden. Schon die Kargheit der Sprachmittel macht Individualisierung auf diesem Gebiete unmöglich; zu bemerken ist in dieser Beziehung bloß, daß die Weisheit[6] meist in Verbindung mit dem Alter, der Ausdruck sages immer im Gegensatz zu proz oder fols[7] vorkommt.

Empfindungen. Den Vorrang vor der Reflexion behauptet in unserem Epos das Empfindungsleben. Kommen auch, dem tragischen Inhalt entsprechend, die Empfindungen der Freude nur selten und in geringem

[1] 648; 3691, vergl. 3251.
[2] 1093. Vergl. 1724 und 229.
[3] 909 der almacurs. 942 Cliram, aur fein Gesähте, 1216 Faisar, 1632 Alisme. Sehr häufig beschimpfen mit diesem Ausdruck die christlichen Helden die Sarazenen vor und während der Schlacht.
[4] Abisme besitzt „vasselage", obgleich er der „plus fel en sa cumpanie" ist (1632).
[5] 24, 279 2c.; 20, 3174; 1093 vergl. 229, 3279, 369, 426.
[6] Reimes, Blanc.
[7] 3. Gautier: La chanson de Rol. 7. ed. p. 605 Vergl. zu den daselbst angeführten Stellen V. 564.

2

Grabe[1] zum Ausdruck, so sind um so häufiger und die ganze Gefühlsskala durchlaufend
die Erregungen des Zornes, des Schmerzes,
der Furcht vertreten.[2] Der zu Gebot stehende
Schatz von Ausdrücken und Wendungen wird
dadurch vermehrt, daß, der Naivetät eines kind
lichen Volkes angemessen, alle Affekte sich in
körperlichen Bewegungen wiederspiegeln. Die
Freude macht den Ritter „cler e riant"[3]: bei
bevorstehender Schlacht hat er (z. B. Bal) le
reguart fier[4]. Im Zorne wechselt er die Farbe
(muer la culur) und „pur poi d'ire ne sent"[5].
Vom Kaiser wird gesagt: chevalchet ireement.
und bei Gan. gehört es mit zu den Äußerungen
des Zornes, daß er den Mantel abwirft[6].
Im Schmerze hören wir die Helden weinen[7],
schreien, wehklagen, ja sich den Tod wünschen[8];
sie halten le chef embrunc[9], sie „quident
sendre"[10], reißen sich die Haare aus[11] und fallen
in Ohnmacht[12] (se pasment). Diese Reihe

von Worten und Wendungen bietet zweifelsohne
die hinreichenden Mittel zum Ausdrucke für
grabuell und spezifisch verschiedene Empfindungen. Es ist aber wohl zu bemerken, daß
der Dichter diese verschiedenen Ausdrücke nicht
immer im Sinne einer Nüanzierung nach beiden Richtungen hin benutzt; denn 1) er macht
keinen Unterschied zwischen den verschiedenen
Ursachen jener Erregungen, ja ganz dieselben
körperlichen Bewegungen dienen einige
Male zum Ausdruck für spezifisch ganz
verschiedene Empfindungen[1]. 2) Die
Hervorhebung einer grabuellen Verschieden-
heit ist zwar nicht ohne Beispiel[2], aber durch-
gehends läßt sie sich schon deshalb nicht kon-
statiren, weil viele der gebrauchten Ausdrücke
und Wendungen offenbar nur in mehr oder
weniger abgeschwächter Bedeutung sich finden[3].
Beide Eigentümlichkeiten erklären sich am
einfachsten durch die Annahme des häufigen,
abschleifenden Gebrauchs dieser Ausdr., d. h.
durch das Vorhandensein eines traditionellen
epischen Stils[4].

§. 3. Handlungen.

Mit der letzten Wortreihe mußten wir schon
das Gebiet des 3. §. betreten, welcher die
„Thätigkeiten und Handlungen" be-
sprechen soll. Dieselben sind in unserem Epos
nicht eben sehr mannigfaltig: Bald finden wir
die Ritter um den Thron des Königs ver-
sammelt, Gesandte kommen, man berät sich; 2c.),
bald sind sie unterwegs, sei es, daß sie als
Gesandte Botschaften überbringen, sei es, daß
die Armee auf dem Marsche begriffen ist, bald
finden wir sie auf dem Schlachtfeld; da werden uns denn zunächst die Vorbereitungen zur
Schlacht erzählt: die Ritter legen die Waffen
an, beichten, stellen sich in Schlachtordnung
auf, die Schlacht beginnt: Angriff, Einzelkampf,
Sieg oder Verwundung und Tod bilden die

---

[1] In Bezug auf den Kaiser: halz e liez 96, in Bezug auf Bal. ious e liez 2803.
[2] Für den Zorn: colere, ire. 322, 511, 2164) curuens 2164 f. 169 (das verb.), maltalentifs 2056 maltalant 271, 288; s'esrager 307; für den Schmerz: doel 1196, 1219, 325, 971, 2056, 2223, 2513, 2789, 3506, cf. 2206, 2983 und 2608, dulor 1679, 2901, 2907 vergl. 1977, 2695. dolent 2023, 2835: se doluser 2577, pesance 832, 2335 vergl. 2514 das entw. verb.; pitet 2417 vergl. 825, destreit 2743; (299 tro avez tendre coer, vielleicht mit einem Anflug von Ironie); für Angst und Schrecken: pour 843, 1815 2c. angoissables 301, 2880, angoissus), (estre) esfreed 438 vergl. 2767; s'esmaier 920, 962, 2412; s'espandre 1599: se merveiller nat aveir grant merveille 537, 550. Zu erinnern ist, daß die Ausdrücke dulor, ire 2c. in einem weiteren Sinne gebraucht werden als heute.
[3] 618, 628, vergl. 862.
[4] 2802.
[5] 441, 325.
[6] 1834, 1812; 302.
[7] 773, 822, 825, 1404, 1416, 1749, 1814, 1836, 2022, 2193, 2415, 2119, 2517, 2839, 2873, 3120.
[8] 2695; 834, 1867, 2915, 2929, 2936, 3506, vergl. 2517.
[9] 771 vergl. 3504 f.
[10] 1568; 325
[11] 772, 2414, 2906, 2931.
[12] 2416, 2421, 2880, 2932. Hierher gehört auch die Anwendung des pron. pers. sing. und plur. in der Anrede. S. darüber Bever, die Pron. im altfranzösischen Rolandslied p. 12 ff. Mögen auch die von Bever ausgenommenen Motive des Wechsels z. T. hypothetischer Natur sein, so viel geht aus der von ihm gegebenen Zusammenstellung deutlich hervor, daß die Wahl des sing. oder plur. nicht nur von der Gemütslage, sondern auch vom Affekte des Sprechenden abhängt. Vergl. auch Mussafia in der Ztschr. 1880 II p. 103 f.

[1] Vergl. 822 mit 2873 und 771 mit 138.
[2] S. 2896, wo der Kaiser, nachdem er seinem heftigen Schmerze Ausdruck gegeben hat, anfängt (à) regreter dulcement (sun nevold).
[3] 20000, ja 100000 fallen in Ohnmacht (se pasment).
[4] Dasselbe geht übrigens schon aus den vielen südlichen Wiederholungen hervor, wie sie sich besonders für den Ausdr. des Schmerzes so häufig finden.
[5] Vergl. auch das gerichtliche Verfahren gegen Gan.

Hauptmomente in der Schilderung derselben. Nach der Schlacht steigen die Helden ab, sie ruhen.

Die Kunst des Erzählers hat nun stets darin bestanden, daß er einer vergangenen Begebenheit oder Handlung neues Leben verleiht, daß er die Wirklichkeit im Bilde hervorzaubert; hierzu dient vor allem die Darstellung der Details — nur aus solchem besteht die Wirklichkeit. Auch unser Dichter hat diese Kunst verstanden; dafür zeugt eine nicht geringe Anzahl von Stellen. Z. B.: die Schlacht steht bevor; nun sagt der Dichter nicht nur im allgemeinen, daß der Feind bemerkt wird, sondern Ol. besteigt einen Hügel, er blickt um sich, er erkennt in der Ferne die feindliche Armee.[1]

Andere Beispiele: der Erzbischof soll die Predigt halten; da heißt es denn: brochet sun cheval, muntet sur un lariz, franceis apelet. Oder die Ritter sollen Beichte ablegen: „franceis descendent a terc se sunt mis", und nach der Beichte: „franceis se drecent, si se muntent sur piez, bien sunt asolz",[2] und 2194 in Bezug auf Turp. „lievet sa main fait sa beicun."[3]

Noch detaillierter wird die Schilderung, wo die Ritter die Waffen anlegen, wo sie den Angriff machen, wo sie Mann gegen Mann kämpfen, wo Helden wie Ol., Turp., Rol. erliegen.[4]

Auf ähnliche Stellen wird hier nicht näher eingegangen, da sie späterhin (Kap. II) des Näheren, wenn auch von anderem Gesichtspunkte aus, besprochen werden.

Nachdem wir die stilistischen Eigentümlichkeiten des Rolandsliedes in Bezug auf die Gegenstände und Personen, sowie in Bezug auf die Ausdrucksweise für die diesen anhaftenden Eigenschaften und die von denselben ausgehenden Handlungen festgestellt haben, bleibt uns noch die Frage zu beantworten, welche Mittel

dem Dichter zu Verfügung stehen, um, vermöge der hiermit gegebenen Elemente, das Ganze des Gedankens zur sprachlichen Darstellung zu bringen, d. h. wir untersuchen die stilistischen Merkmale, so weit sie mit dem Satzbau zusammenhängen.

§. 4. Der Satz als Ausdruck des Gedankens.

Alle französischen chansons de geste verraten eine ausgesprochene Vorliebe für den Hauptsatz. Im Rolandsliede beschränkt sich nach Morf (in Böhmers Studien 1878) die Zahl der Nebensätze auf 25 %. Ganze Tiraden bestehen nur aus an einander gereihten Hauptsätzen[1]; ja, häufig wendet der Dichter selbst da den Hauptsatz an, wo der Gedanke die Konstruktion des Nebensatzes verlangen würde.[2]

Welches sind die Gründe dieser Erscheinung? daß einerseits die französische Sprache überhaupt, andrerseits jede Volkspoesie einfache Konstruktionen liebt,[3] hat seine Richtigkeit.

Die übergreifende Verwendung der Hauptsatzkonstruktion im Rolandsliede läßt noch eine andere, unmittelbar wirkende Ursache vermuten: Dies ist der epische Vers, nicht der geschriebene, sondern der gesungene. So gewiß das Volksepos eine organische Entwickelung aufweist, so gewiß hat auch der Gesangsvortrag auf den Satzbau eingewirkt. Es ist hier nicht der Ort, diese Hypothese des Näheren zu begründen. Nur so viel sei bemerkt, daß die im folgenden nachgewiesenen, Wort- und Satzverbindung betreffenden Eigentümlichkeiten teilweise auf denselben Faktor als Erklärungsgrund hinzuweisen scheinen.

Es finden sich in unserem Epos zahlreiche Aufzählungen: An keiner Stelle findet sich das Asyndeton, sehr selten die syndetische Form[4], nicht viel häufiger die

---

[1] 1017—1019 vergl. Rol., wie er das Schlachtfeld betrachtet 1851 f.
[2] 1124 ff.
[3] Vergl. 2847 f. (der Engel Gabriel) 3859 (die religiösen Vorbereitungen Pinabels und Tierris) und 339—340 die Segnung Karls.
[4] Daß das Interesse am Einzelnen auch bei den Zuhörern maßgebend war, führt Tobler a. a. O. p. 156 aus.

[1] L, LXII, LXXIV ꝛc.
[2] S. 233, 611, 638 ꝛc. Vergl. G. Paris H. p. de Charl. p. 23. — Die Vorliebe für den Hauptsatz ist nach Morf auch der Grund dafür, daß der Nebensatz seltener invertiert ist.
[3] Daß die Sprache des Rolandsliedes aus zu komplizierteren Konstruktionen fähig ist, daß nicht pures Ungeschick die Ursache der Erscheinung sein kann, beweisen Stellen wie V. 222—227, 457—461, Tir. CCXXIV.
[4] 998 f. (die subst.)

Verbindung aller Glieder[5]: vielmehr ist das gewöhnliche Verfahren des Dichters das, vermittelst der kopulativen Konj. die gleichartigen Glieder gruppenweise zusammenzufassen.[6]

Eine auffallende Erscheinung dem gegenüber ist es nun, wenn der Gebrauch der koordinierenden Konjunktionen bei Sätzen ein viel beschränkterer und gänzlich abweichender ist: Regel ist hier die bloße Aneinanderreihung; Zusammenhang und Art des Zusammenhangs werden gewöhnlich nicht bezeichnet; ja ganze Tiraden sind aus einzelnen Sätzen gebildet ohne jegliche Angabe der Beziehung.[7]

Diese letztere Eigentümlichkeit trägt wohl am meisten dazu bei, dem Stil des Rolandsliedes den Charakter der Einfachheit und des Naiven aufzuprägen.

Trotz dieser naiven Einfachheit versteht es der Verfasser, die Phantasie anzuregen und das Gefühl in Mitleidenschaft zu ziehen: die Mittel werden sich um so wirksamer erweisen, je einfacher im übrigen der Stil ist. Welches sind diese Mittel? diese Frage haben wir im II. Kapitel zu beantworten.

II. Kapitel.

§. 1. Epitheton, Apposition, Relativsatz u. s. w.

Haben wir im I. Kapitel mit dem Gebrauche des subst. zur Bezeichnung von Gegenständen und Personen begonnen, so behandeln wir folgerecht im Anfange des II. Kapitels diejenigen Ausdrücke, die dem Dichter zu Gebote stehen, wenn er jene Gegenstände und Personen nach irgend einer Seite hervortreten lassen oder heben will. Es handelt sich hier in erster Linie um das sogen. epitheton ornans.

a) Das epitheton ornans. Der Gebrauch desselben ist bei weitem nicht so ausgedehnt wie in den homerischen Epen.[1] Aber, und dies ist der bedeutsame Punkt, dem die folgende Untersuchung gewidmet werden soll, auch in der Art der angewendeten Beiwörter und in der Anwendung selbst herrscht keineswegs Übereinstimmung. Wir fragen demgemäß: 1) Welcher epitheta orn. bedient sich der Dichter des Rolandsliedes? 2) Welchen Gebrauch macht er von denselben, unter welchen Umständen wendet er sie an, unter welchen nicht?

1) Schon bei oberflächlicher Lektüre des Gedichtes wird man die Wahrnehmung machen, daß für mehrere epitheta eine gewisse Vorliebe vorhanden ist. Da ist, um mit dem augenfälligsten zu beginnen, vor allem das adject. „granz", welches sich fast auf jeder Seite ein oder mehrere Male findet[2]; nur selten aber steht es in der eigentlichen Bedeutung, d. h. zur Bezeichnung der räumlichen Ausdehnung.[3] In der Regel dient es bloß zur Hebung des betreffenden Begriffes.

Den hohen Grad von Kälte und Hitze, die Wucht der Hiebe, die Schwere der Last, die Dauer, Ausbreitung und Bedeutung des Krieges, die Heftigkeit der Schlacht, das das Maß überschreitende Aufbieten der Kräfte, die Größe des Verlustes, den Reichtum des Besitzes, die Kostbarkeit der Geschenke, die Nähe der Verwandtschaft, die Herrlichkeit des Paradieses — alles dies, nur in ganz unbestimmter Färbung, wiederzugeben dient so das eine adj. granz.[1] Es versteht sich von selbst, daß dieser weitere Begriff von granz der einzig statthafte da ist, wo es sich um seelische Funktionen und Empfindungen handelt.[2] In vielen Fällen

---

[1] 199 f. ,362 f., 399, 503 – 505, 820 f., 999 (die adj.)x.
[2] 63–65 : 1 - 2–2–2 - 3.
   104–106 : 2–2–1.
   128–130 : 3 - 2–2. Vergl. 183–185.
   170–173 : 2–3–2.
   672 - 673 : 2 - 2.
   711 f. : 2- 2- 2.
   846 f. : 2–2–4 u. f. w.
   Die Zahlen bedeuten die je zu einer Gruppe verbundenen Glieder.
[3] XI, XVII und XVIII, XXVII, XL und XLI, XLII, LV, LVI x.

---

[1] Man vergl. Verse wie 398 f. mit ähnlichen Stellen bei Homer.
[2] Wir haben dasselbe in den 1016 ersten Versen 31 mal angetroffen.
[3] Hierher gehören folgende Fälle: granz verger 159, granz pels de marire 302, granz masse 661, granz host 883, granz espiet 1248, granz nefs 3688. Vergl. greignurs porz 719 und greignurs valees 710.
[4] 1011, 1118 granz chalz, granz freiz; 1013 granz colps, vergl. 1078; 977 greignor fais, 242 granz guere, 734 granz bataille, 599 granz effcrz, 335, 568 granz perte; 655, 678 granz aveir, 845 granz duns, 356 granz parentet, 1135 greignor pareis.
[5] granz ire 322, 514; granz doel 1196, 1538; granz tendrur 842, merveille granz 550.

soll dieses adject. nicht nur den Begriff des betreffenden Gegenstandes, sondern auch die Person heben, welche zu jenem Gegenstande in irgend welcher Beziehung steht. Offenbar ist dies stets der Fall, wo von intellektuellen oder moralischen Eigenschaften die Rede ist. ¹) Es kann diese Bedeutung aber auch da dem Ausdrucke innewohnen, wo granz zunächst bloß räumliche Ausdehnung bezeichnet, wenn nämlich die Vorstellung der physischen Größe die der moralischen notwendigerweise erweckt. ²)

Nirgends in allen diesen Fällen kann durch das epitheton „granz" die Vorstellung prä-zifer oder deutlicher werden, sie wird bloß verstärkt. Daß zu diesem Zwecke so häufig dasselbe adject. verwendet wird, verrät freilich eine gewisse Naivetät; doch finden sich auch andere epitheta, die wesentlich im gleichen Sinne gebraucht werden. Hierher gehören mortels in mortel ennemi, mortel rage, mortel bataille, nul hom mortel und vif in vifs diables etc. ³); ja, wenn wir lesen mer-veilluses oz, merveilluse pour, merveillus vasselage etc. ⁴), so verlieren sogar die betreffenden Vorstellungen offenbar an Klar-heit, was sie an gefühlsmäßigem Ein-druck gewinnen; auch halz und halcur, large, bons, genz ⁵) sind viel zu weite Be-griffe, als daß sie zur Präzisierung einer Vor-stellung wesentlich beitragen könnten.

Endlich müssen wir hierher noch diejenigen Beiwörter ziehen, welche nicht sowohl ein Merkmal zu den im Begriffe des subst. gege-benen Merkmalen hinzufügen, als vielmehr eines

---

¹) grant vertut 1508, grant vasselage 1658 (1669), grant valor 534; mult grant prud 699: grant or-guill 578, 1773; grant estultie 1639; grant contencun 855; grant saveir 369, 426; granz felonies 1633.
²) z. B. greignors porz, greignors valees dienen zur Hebung der Ereignisse, der Handlungen, also auch der handelnden Personen. Man vergl. noch grant ost, granz XXX liwes 1756.
³) 461; 747, 2279; 858; (vergl. 813) bataille pesme), 1993; 746, 1627, 562 (hume vivant). S. auch 391 tute pais.
⁴) 598, 843, 1094, 1397,1 423, 3963. Vergl. 1660.
⁵) Olive halte 366, la plus halte tur 853, halte roche 1529, pui haut 1017, paleis halcur 3698, citet large 654: bon cheval 1344, bon franceis 1401, bon espiez 554, 1266,1271, 1285, bone espee 981, 1066 = 1121, 1324, vergl. 2304; bone sele ic., meillurs porz 583, gente sorur 1720, gente maisniee 1794, escuz genz 1799 vergl. 821 gentilz oixurs.

oder mehrere derselben ausdrücklich wieder-holen; auch sie dienen zur Verstärkung der Vorstellung, wenn auch bloß nach einer be-stimmten Seite hin. In „noble baron" z. B. fügt das adj. noble nichts zu der Vorstellung, die wir von einem jener „Barone" haben, hinzu; und in der That wird 1280 baron ganz im gleichen Sinne gebraucht, ohne jedes epitheton. ¹) Der Wirkung solcher Beiwörter ist in vielen Fällen auch die des Demonstrativpronomens verwandt; die Bedeutung desselben ist häufig nur die, durch den ausdrücklichen Hinweis auf eine Person oder einen Gegenstand die Vor-stellung derselben zu kräftigen und zu beleben. ²) Alle Epitheta, von denen wir bisher ge-sprochen, dienen zur Verstärkung der Vorstellung, nicht zur Verdeutlichung derselben; sie beziehen sich auf die Empfindung, nicht auf die Einbildungskraft.

Von dieser Art der epitheta sind diejenigen zu unterscheiden, die, wie die meisten homeri-schen, die Anschauung bereichern, indem sie ein für dieselbe charakteristisches Merkmal ausdrück-lich hervorheben.

In unserem Epos beziehen sich viele dieser epitheta den Stoff, das Metall, den Ort der Herkunft. ³) Meist sind es die Waffen, deren Wert und Zieraten sie gewidmet sind. ⁴) Man erkennt auch hier den Einfluß des Ritter-tums und der ritterlichen Anschauung auf Sprache und Stil.

---

¹) Vergl. 1288 (produm = baron). Felun traitur sudniant 942 und ambedous ses mains 2015 gehören ebenfalls hierher.
Zu mehreren Stellen ist die ausdrückliche Wieder-bolung eines Merkmals durch derartige Adjektive in einem vorhandenen Gegensatz der Begriffe begründet: So ist z. B. in „malvais sumier" 481 das epitheton „malvais" durchaus nicht überflüssig, da es den Gegen-satz zu palefreid und destrer scharf markiert. Man dem. auch, wie hier das chevalcher dem gentil serez, und wie 527 riches reis dem Ausd. mendistet gegenüber gestellt wird.
²) Vergl. Beyer a. a. O. p. 19 f.
³) Die mantel und die pels sind sabelin, 462, 515, die palies alexandrin 463, 408, die osberc sarazincis oder saraguzeis, die elme saraguzeis, die brunie del acer vianeis, und die espiet valentineis 994- 997, die hanste id fraisnine 720, der osberes jazerencs 1601; bronie, escuz und osberes sind safret 1032, 1372, 1453, der punz des Schwertes (466), die Sporen 1225 (vergl. 1506, 1245, 1788), die bucle 1283 (1314) die sele 1605 und der gunfanons 1811 sind orient. oret, orie. vergl. 681, 1452, 1954, 1552.
⁴) Kostbare Stoffe finden sich nur bei den Sarazenen.

Wert der Stoffe und Metalle interessieren diese ritterliche Gesellschaft am meisten, nicht die künstlerische Form. (Vergl. Homer!) Auch da, wo beschreibende epitheta anderer Art vorkommen, vermissen wir die in den homerischen Beiwörtern sich wiederspiegelnde höhere Bildung; diese epitheta bezeichnen in der Regel nur das, was einem kindlich naiven Geschlecht wohl zunächst in die Augen fällt — die Farbe: die Gegenstände sind rot,[1] grün,[2] weiß,[3] blau,[4] braun;[5] fügen wir noch „cler und flambius"[6] hinzu, so ist der Vorrat derartiger adjectiva erschöpft — die Zahl freilich gering, die Verwendung desto häufiger.

Nur wenige beschreibende epitheta anderer Art sind noch zur Besprechung übrig:

Zu diesen gehören: forz und trenchanz für den espiez, buclers für den escuz, curanz für das Pferd, besonders den destrers; ferner espees furbies, aguz esperuns, espee sanglente, mer salse, erbe drue, val herbus, denz menuz, veltres enchaignez, osturs muez und cambre voltice.[7] Manche dieser letztgenannten Ausdrücke erinnern lebhaft an Homer und homerische Anschauung, besonders da, wo von Waffen oder Waffenhandwerk die Rede ist[8]

Fassen wir zusammen: die „hebenden" epitheta sind die häufigsten, die veranschaulichenden sind selten,[9] am meisten angewendet noch in Bezug auf die Waffen.

---

[1] vermeils: so die „pume" 386, das Blut 968, der „escuz" 1576, der „gunfanons" 999 u. s. w.
[2] Das Gras 671, 1569, 1614.
[3] Der Halsberg 1022, 1329, der „gunfanons" 999, 1157, 1800, der „palie" 272, der Bart 1813, 3712, der „sarcous" 3692 vergl. 2250
[4] Der „gunfanons" 999, 1576, 1800.
[5] Der „espiez" 1043 (1620).
[6] Der Tag (162), die „albe" 738, das Blut 1342, 1614, 1763, elmes flambius 1022.
[7] 867, 1301, 1306; 526; 1142, 1153, 1302; 1925; 1530; 1586; 372; 1334; 1018; 1956; 128 und 129; 3992.
[8] Das echt Poetische dieser Wendungen liegt darin, daß sie alle unmittelbar der Anschauung entsprungen sind, ebenso wie im homerischen Epos; es entspricht eben der Anschauung, wenn das Blut gerade da (und nur da) warm genannt wird, wo es der Wunde des Helden entquillt, und es ist durchaus kein Zufall, wenn z. B. der Ausdr. „destrers curanz" dem ἵπποισιν ὠκυπόδεσσιν (Ilias II, 383 u. a.) Homers so nahe kommt.
[9] Daß Reichtum und Schärfe der Anschauung den altfranzösischen Volksepen überhaupt abgeht, sagt Tobler a. a. O., p. 156.

2) Wir gehen zur zweiten Frage über: Unter welchen Umständen werden diese epitheta gebraucht?

Das wird man schon aus den im vorhergehenden angeführten Beispielen entnommen haben, daß für manche Substantiva eine gewisse Stabilität im Gebrauch der Beiwörter vorhanden ist. So findet sich vert nur in herbe verte, cler nur bei sancs,[1] albe, jurz, vis. Bei anderen zeigt sich wenigstens eine ausgesprochene Vorliebe für bestimmte Verbindungen, so z. B. bei bons für Schwert (espee) und Lanze (espiez)[2] bei blancs für den „osberes", bloi, blances, vermeilz für den „gonfanons"[3]). Umgekehrt finden sich subst., die nie mit wirklich beschreibenden epitheta sich verbinden; diese fehlen fast[4] immer für die Teile des menschlichen Körpers, und ebenso bei den meisten Gegenständen der umgebenden Natur. Bären und Kamele genießen nie diese Vergünstigung, im Gegensatz zu osturs, chiens, veltres, oisel.

Tanne (pin) und Ölbaum werden einige Male hoch genannt: nie aber findet sich ein epitheton, welches ihre Form zu veranschaulichen bestimmt oder geeignet wäre; ja, für seelische Eigenschaften oder für Empfindungen kennt der Dichter nur das einzige Beiwort granz. Ganz anders die Waffen und alles, was zum Waffenhandwerk gehört! Nicht ein einziges der hierhergehörigen subst. entbehrt gänzlich des Beiwortes. In welchen Fällen wendet der Dichter hier nun ein Beiwort an, in welchen nicht? Das Vorhandensein der Paralleltiraben befähigt uns bis zu einem gewissen Grade diese Frage zu beantworten.

XL. V. 541 heißt es tanz cols ad pris de lances e d'espiet; aber 554 in der Wiederholung: tanz colps ad pris de bons espiez trenchanz; 1017 hat Ol. einen „pui haut" bestiegen, 1028 heißt es „desur un pui"; Valdebrun „brochet" le cheval „des aguz esperuns". Grandonies bloß des esperuns etc.

---

[1] Das Blut wird auch einmal vermeilz, ein anderes mal chalz genannt.
[2] Auffallend ist, daß die espee niemals trenchant genannt wird, während dasselbe epitheton bei espiez recht häufig vorkommt.
[3] Einmal „orei."
[4] Sie stehen 1956 und 2250 (?).

Offenbar ift in biefen und ähnlichen Fällen Versmaß und Affonanz das einzige maßgebende Motiv für die Behandlung der epitheta.

Diefelbe Urfache zeigt fich auch wirkfam bei der Wahl verfchiedener epitheta; fo z. B. wenn es Tir. LXXVIII B. 1022 von Ol. heißt, er fehe: tanz blanes osberes, tanz helmes flambius, Tir. LXXIX B. 1031 aber: luisent cil helme ki ad or sunt gemmez e cil escuz e cil osberes safrez. ¹)

Während alfo die Exiftenz der in unferem Epos vorhandenen epitheta durch Anfchauungsweife und Bildung der damaligen Gefellfchaft, vor allem der ritterlichen Kreife bedingt ift, hängt ihre Anwendung wenigftens teilweife von etwas rein Äußerlichem, von dem Versmaß und der Affonanz ab.

Beftimmte Grenzen für die in den Parallelftrophen offenbaren Wirkungen diefes äußerlichen Faktors laffen fich nicht konftatieren; folglich find wir für die Annahme anderweitiger Motive und ihrer Wirkungen beim Gebrauch der epitheta auf Möglichkeiten angewiefen; nur auf folche können die folgenden Bemerkungen hinleiten.

In den Paralleltiraden LXXVIII und LXXIX war das metrifche Bedürfnis maßgebend für die Anwendung verfchiedener Beiwörter; dabei ift aber nicht zu überfehen, daß diefe epitheta, fo verfchieden fie auch fein mögen, doch darin übereinftimmen, daß fie alle die Bedeutung des Glänzenden. Leuchtenden haben, der Situation vollftändig angemeffen, denn das feindliche Heer wird erft in der Ferne fichtbar. Unficherer ift die Annahme eines beftimmten Motives in folgendem Falle: Im allgemeinen wird kein Unterfchied in der Befchreibung der Waffen für Chriften und Sarazenen gemacht: die einen wie die anderen find oret zc.; aber während die escut, seles, destrer, osberc der Heiden wie der Chriften als „gute" bezeichnet werden, findet fich das Beiwort bons nie für das Schwert und den Speer der Sarazenen, wohl aber häufig für die entfprechenden Waffen der Chriften. ²) Sollten bone espee. bons espiez, d. h. gute Angriffswaffen in der That ein Vorzug der chriftlichen Ritter fein?

¹) Vergl. auch Stellen wie 1452 f.
²) In den Tiraden XCI—CII heißen Schwert und Speer der Chriften fechsmal bons.

Näher liegt die Vermutung einer gewiffen Abfichtlichkeit beim Gebrauch des adj. verte für herbe; diefer Verbindung bedient fich der Dichter mit fichtlicher Vorliebe da, wo der Tod eines Helben auf dem Schlachtfelde berichtet wird;¹) nur ein einziges Mal²) kommt diefer Ausdruck in anderem Zufammenhange vor. Insbefondere könnte man geneigt fein, in der Wahl der Beiwörter B. 1614: sur l'erbe verte li cler sanes sen afilet. eine poetifche Tendenz zu erbliden.

Das Refultat der vorangehenden Unterfuchung über den Gebrauch der epitheta ift fonach folgendes:

1) Es giebt ftehende Beiwörter.
2) Es giebt subst.. die nie mit epitheton vorkommen.
3) Reich an epitheta ornantia find befonders die Ausd. für Waffen zc.; Wahl und Anwendung derfelben in den einzelnen Fällen ift häufig durch Versmaß und Affonanz bedingt; andere Motive laffen fich wenigftens nicht mit Sicherheit konftatieren.

Eine Klaffe von Beiwörtern, die wir bisher übergangen, müffen wir im folgenden noch kurz befprechen: Es find diejenigen, welche zu Eigennamen treten. ³) Im allgemeinen teilen fie die Eigentümlichkeiten der im bisherigen behandelten: Meift find fie bloß hebende epitheta. wie z. B. „magnes" für den Kaifer, „riches" für den Kaifer und Rol. ⁴), „proz" nicht allein für Rol., fondern auch für den „weifen" Ol. ⁵) Hierher gehört auch die Appofition „.li bers" für Marf. ⁶), Ol. zc. ⁷) und das Beiwort „dulce" für Frankreich.⁸) In dem Ausdruck Espaigne la bele⁹) ift „bele" foweit davon entfernt eine Eigentümlichkeit Spaniens zu bezeichnen, daß es ebenfowohl für Frankreich angewendet werden kann. ¹⁰) Es

¹) 1614, 3453, 3972. 1334 hat wohl die Affonanz das epitheton drue geboten.
²) 671.
³) Da gerade bei Eigennamen die Appofition fehr häufig ift, fo wird fie hier zugleich mit dem epitheton behandelt.
⁴) 585.
⁵) 576.
⁶) 125 zc.
⁷) Vergl. 1846 (Rol. le cataigne) 576 und 3755 Ol. li pruz e li curtels.
⁸) 16, 116 zc.
⁹) 59.
¹⁰) 1695.

ist daher wohl anzunehmen, daß auch das epitheton „clere" nicht etwas Charakteristisches gerade für Spanien enthalten soll. [1)]

In wie weit die „beschreibenden" Beiwörter zur Individualisierung dienen, hängt nicht nur von ihrem Begriff, sondern auch von ihrer Verwendung ab; deshalb müssen wir diese auch hier einer Kontrolle unterziehen. Die Stabilität gewisser Beiwörter u. Appos. findet sich auch bei Eigennamen; in einzelnen Fällen ist sie derart, daß das betreffende adj. oder subst. den Charakter des Beinamens angenommen hat. So heißt Karl d. G. „li magnes" auch bei den Sarazenen, und nicht weniger als die Franzosen sprechen auch sie von „seint pere de rume" und von der „dulce France".[2)] Andererseits fehlt es auch nicht an Beispielen, wo das Beiwort durchaus charakteristisch verwandt wird; so z. B. wenn der Dichter gerade den Feinden den Ausdruck „li velz" für Karl d. Gr. in den Mund legt. [3)]

Daß auch Wörtern, deren Bedeutung bei häufigem Gebrauch gewöhnlich abgeblaßt erscheint, unter Umständen durch die Art der Verwendung vollere Kraft innewohnen kann, zeigen folgende Beispiele: Marf. wird „felun" [4)] genannt in dem Augenblicke, wo der Dichter seiner Freundschaft mit Abisme gedenkt; von diesem aber heißt es im selben Zusammenhange (1632 f.): plus fel de lui n'out en sa cumpagnie tetches ad males e mult granz felonies. Dieselbe Bezeichnung findet sich für Gan. an der Stelle, wo er, von seiner Botschaft zurückkehrend, den Verrat zur Ausführung bringen will, und wiederum da, wo Ol. denselben entdeckt. [5)]

Zum Schluß sei noch bemerkt, daß die Zahl der gewöhnlich von Beiwörtern begleiteten Eigennamen nicht bedeutend ist. Es sind hauptsächlich Karl d. G. selbst, Rol., Ol., Gan. und Marf. Andere haben nie ein epitheton, so z. B.

[1)] Vergl. la grant tere; la tere altaigne; tere major bedeutet gewöhnlich Frankreich; 600 ist offenbar Spanien gemeint.
Vergl. die Appos. le siet 478, le regnet (Espaigne le regnet 697 und France le regnet 694).
[2)] 905; 921; 16, 1194, 1223.
[3)] 929. Vergl. 538 und 551. B. 28 heißt er bei ihnen „orguillus" und „fier." B. 766 redet ihn Roland mit „dreiz empereres" an.
[4)] B. 1640. „li bers" nennt ihn Blanc.
[5)] 674; 1024 vergl. 1457.

Turp., ein Beweis für die Absichtslosigkeit unseres Sängers in solchen Dingen; denn der Erzbischof steht dennoch, als ein verhältnismäßig streng durchgeführter Charakter, poetisch sehr hoch. Zufall, epische Tradition, das metrische Bedürfnis mögen für diesen Thatbestand maßgebend gewesen sein.

Mit den im Vorhergehenden aufgezählten epitheta und appos. sind die Mittel, welche dem Dichter zur Hebung und Veranschaulichung von Gegenständen und Personen zur Verfügung stehen, bei weitem nicht erschöpft.

b) Subst. mit praepos. Statt des epithetons kann in erster Linie ein subst. mit praepos. eintreten, sei es, daß ein entsprechendes adj. fehlt[1)], oder daß das Versmaß dasselbe nicht verträgt [2)]

c) Relativsatz. Ein weiteres Mittel ist die Ersetzung eines adjectivs durch einen Relativsatz. Es ist dieser Punkt deshalb nicht ohne Interesse, weil gerade die Verwendung des Relativsatzes den naiven Geist jener dichterischen Epoche charakterisiert: der Dichter bedient sich dieser Konstruktion nämlich auch in folgenden Fällen:

1) Wenn der Relativsatz ein bloßes adjectivum oder participium vertritt [3)]
2) Wo ein particip. mit näherer Bestimmung genügen würde. [4)]
3) Wenn eine apposition dieselben Dienste leistete. [5)]

Diese Konstruktion ist aber dem langsamen und gewichtigen Schritt der epischen Erzählung

---

[1)] 511 traisun seinz dreit Vergl.: à la barbe flurie, vasselage par sens etc.
[2)] So steben d'or, a or oft für oret, ohne daß ein anderer als der oben angeführte Grund für diesen Wechsel erfindlich wäre: 1314 leien wir bucle dor en, während in dem entsprechenden Verse 1283 von oree bucle die Rede ist.
[3)] carbuncles ki ardent 1662, oisel ki volet 1573; hom ki est iret 2411 ic. Selbst für ein Subst. kann Relativsatz eintreten: qu'il ad, qu'il out etc. (2839 vergl. 3793 ic.).
[4)] 1810; 1373, 1544 ki a or est gemmee (gewöhnlich gemmee a or). Vergl. die so häufigen Ausdrucksweisen ki ad nun 1363, oree ki cleinet 1572, 1800, 2032. S. auch 1354, 1276, 2308
[5)] Guen. ki traisun a faite 3748; der Dichter bedient sich auch häufig des Relativsatzes für ein Subjekt oder Objekt, selbst da, wo ein subst. oder pron. zur Hand ist: 92, 108, 781, 1174, 3518, 3854.

völlig angemessen.[1] Jn anderer Beziehung ist der Gebrauch des Relativsatzes für den naiven Stil des Epos da charakteristisch, wo wir hypo‑thetische, finale, konsekutive Konjunktionen er‑warten würden.[2]

d) Hauptsatz (Beschreibung). Noch mehr vielleicht tritt die genannte Eigentüm‑lichkeit des epischen Stiles da hervor, wo der Dichter statt jener Konstruktion sich des Haupt‑satzes bedient.[3]

Regel ist diese Konstr., wenn der Dichter eine mehr oder weniger ausgedehnte Schilderung von Personen oder Sachen einschiebt.

Was zunächst die **Personen** betrifft, so sind es vielmehr die Sarazenen als die Christen, über deren Herkunft und charakteristische Züge wir in dieser Weise unterrichtet werden. Wo die Ritter sich dem Neffen des Marj. als Kampfgenossen anbieten, da wählt der Dichter jedesmal diese Konstr., um uns zu sagen, daß Falsarun der Bruder des Marj.[4], daß Corf. „barbarins" und „mult de males arz"[5] ist u. s. w.[6] Bei einigen erweitern sich diese Angaben zu einer ganzen Reihe von Charakter‑zügen;[7] damit hat sich das epitheton zur

Beschreibung entwickelt. So schildert uns der Dichter alle sarazenischen Helden in der ersten Hauptschlacht,[1] ferner Tierris und Pi‑nabels vor dem Zweikampf,[2] den Verräter. Gan..[3] Val.,[4] die 10 französischen Armee‑korps und einige Völker der feindlichen Armee unter Bal.[5] Nur ein einzigesmal bedient er sich in einem ähnlichen Falle des Nebensatzes[6] Dieselbe Konstr. des eingeschobenen Haupt‑satzes wendet der Dichter auch an, wenn er, um des Hörers Interesse für einen **Gegen‑stand** zu erwecken, eine Schilderung des‑selben entwirft, oder eine erklärende Notiz hinzufügt, oder endlich mit der Geschichte desselben bekannt macht. In dieser Weise schildert oder beschreibt er die Karl D. (Gr. zum Geschenk bestimmten Mäuler, die Glieder des trefflichen Pferdes, welches Turp. einst dem Grossaise entrissen, die Wasser des Ebro, das Grün der Wiesen, die Breite des Grabens, über welchen Val. Pferd setzt.[7] Erklärende Notizen giebt er zu den Olaweigen, zum Mantel des Schwertes Bal. und zu dem dem Malpr. versprochenen Lehen.[8] Mitteilungen geschichtlicher Art macht er uns über die Einnahme von Galnes, die Pferde Karls und Turpins den Schild des Abiemes, die berühmten Schwerter Rol., des Kaisers und das Margariz[9]

Einmal[10] findet sich sogar eine doppelte Einschaltung von Hauptsätzen: der Mitteilung über Grof., daß er, ein dänischer König, von Turp. Hand gefallen sei, folgt die detaillierte Beschreibung seines Pferdes.

Hier muß auch noch eine allen alten Epen gemeinsame Eigentümlichkeit erwähnt werden, daß sie nämlich den Hörer in irgend einer

---

[1] Ausdrücke wie „ki a or est gemmeu", ki la barbe ad canue vergl. mit „gemmee a or, al canud peil" u. f. w. zeigen, wie sehr die Wahl vom Versmaß abhängt. 1373 läge allerdings die Annahme nahe, daß der Dichter ein doppeltes epitheton vermeiden wollte; doch nimmt derselbe hieran 654, 1301 keinen Anstoß.

[2] Vergl. Bever: die pron. im altfranzösischen Re‑lativsätze p. 27.

[3] 1154, 1661, 1607, 3431 (vergl. 1953), 3150. Diese Konstr. wird auch in der Erzählung der 3 ersten Einzel‑kämpfe 1188, 1213, 1235 bei Angabe des Namens ver‑wendet; in den folgenden Tiraden verläßt der Dichter dieselbe da hier die Handlung rascher fortschreitet. Wenn 89—91, 1363 1364 ff. 1391 der dem Gedanken des Relativ‑satzes untergeordnete Gedanke durch einen Hauptsatz ge‑geben wird, so ist der Grund möglicherweise der, daß der einfache Satzbau des Epos 2 von einander abhängige Nebensätze der Art nicht verträgt; es findet sich eine solche Konstr. zwar 2334 und 2352. allein hier sind die Relativ‑sätze (besonders der erste) von ganz geringer Ausdehnung, und überdies verrät sich 2353 j. deutlich die Abneigung gegen einen dritten Relativsatz. B. 1934, 2364 ff., 3101 j. sind die Relativsätze koordiniert; die beiden zuletzt ange‑führten Stellen tragen übrigens rhetorisches Gepräge.

[4] 880. Vergl. 1214.
[5] Vergl. 1236.
[6] 910, 917, 932, 942; vergl. 1892 (Brunes) 208 Balan. u. Basilice) u. (in der Bal.‑Epis.) 3313, 3716: endlich 117 f. (Karl der Große).
[7] 894 ff. (der „amurafles"; 956 f. (Margariz) 976 f. (Chernubles).

[1] 1632 ff. (Alismes). 1486 ff. (Climborins). 1520 ff. (Valdabrun), 1515 ff., Malquiant), 1571 f. (Grandonies) vergl. 1593), 1917 ff. (Margariz u. seine „gent";
[2] 3820, 3838.
[3] 3763 vergl. 304.
[4] 2615 f.
[5] Vergl. 3948 f.
[6] 1931 f. (vergl. 3215.
[7] 91, 1651 f., 2466, 2192, 3167
[8] 74, 3144 ff., 3211.
[9] 663 ff., 2994 f. u. 1651 ff., 1663 ff; 967 2501 ff. (vergl. 2090, 2318 ff u. 2341 ff. Die Davendal betreffenden Erinnerungen sind jedoch kein Einschub, sondern, wo‑il dem Helden selbst in den Mund gelegt, in die Handlung verflochten.
[10] 1649 ff.

R.

3

Weise schon im voraus von den Haupt-begebenheiten unterrichten. Bei diesen Vor-anbeutungen bedient sich der Dichter analoger Wendungen wie bei Mitteilungen geschichtlicher und erklärender Art. [1]

Aus einer Zusammenstellung aller der hier-hergehörigen Fälle ergiebt sich nun die That-sache, daß die vom Dichter stets angewandte Konstr. auch insofern die gleiche ist, als derselbe, wenn er mit dem Relativsatze beginnt, diesen im folgenden gegen den Haupt-satz vertauscht. Von den oben p. 17a Anm. 3 genannten Ausnahmen sind die beiden letzten Stellen, welche als die einzigen eine längere Reihe koordinierter Relativsätze ent-halten, deshalb von besonderem Interesse, weil beide ein Gebet betreffen; es liegt mithin die Vermutung nahe, daß der gehobene Inhalt hier auf die Form eingewirkt [2] oder daß die kirch-liche Gebetsform Einfluß ausgeübt hat. [3]

§. 2. Wahl des tempus, Ausschreibung, adverbiale Feststimmung, Negation und Vergleich.

Dem Zwecke der Hervorhebung des Thätig-keitsbegriffes dienen in erster Linie gewisse den Ausdruck selbst berührende Modifikationen.

a) Wahl des tempus. Von Bedeutung ist hier zunächst in manchen Fällen die Wahl des tempus. [4]

Das praesens historicum wird allgemein behufs Lebhaftigkeit der Vorstellung verwendet. „Im Rolandsliede ist es das dominierende Tempus der historischen Rede" (Bockhoff). Wie sehr der Dichter dasselbe dem oben bezeichneten Zwecke dienstbar macht, dafür sprechen am deutlichsten die Kampfscenen, bei denen zur Schilderung er regelmäßig das praesens histori-cum eintreten läßt. [5] Ebendasselbe Motiv

---

[1] 95, 1408 und besonders 3212.
[2] Vergl. hierfür auch 2377—2380.
[3] Über die Ähnlichkeit der in den chansons de geste vorkommenden Gebete ihrem Inhalte nach vergl. Tobler a. a. O. p 193.
[4] Die auch die stilistischen Momente berücksichtigende Abhandlung von Bockhoff über den syntaktische Gebrauch der tempora im O. Texte des Rolands-Liedes ermöglicht es mir, mich in diesem Abschnitt kurz zu fassen.
[5] Vergl. Bockhoff a. a. O. p. 15 f. Der Gebrauch von dient und respunt einerseits von dist und li ad dit andrerseits verrät nur die Macht der Formel. Vergl. a a. O. p. 53 und 55, 4

scheint maßgebend gewesen zu sein bei dem Übergang vom futurum ins praesens 587 ff., bei der Vertauschung des praes. histor. gegen futur. I in V. 1206, 1252, 1642, endlich auch bei der Verwendung, die das perfect. II im enklitischen Anschluß an ein praes. histor. findet. (V. 365, 486, 2622 u. s. w.) [1]

In anderer Weise ist die Wahl des per-fectum II. bedeutsam an den Stellen, wo eine feierliche und heilige Handlung berichtet wird; nicht als ob das tempus selbst dafür der Ausdruck sein sollte; dies kann es ebensowenig wie „das Rührende und Er-greifende schildern" (Bockhoff.). Wenn für das Anlegen der Rüstung ebenfalls meist das perf. II gesetzt wird, so dürfte dies doch ein Fingerzeig dafür sein, daß die in jenen Stellen enthaltenen sittlichen und ästhetischen Momente nicht so unmittelbar mit dem tempus in Verbindung zu bringen sind.

„Mit besonderer Emphase" stehen endlich die „praesentia" mort sunt, morz ies etc. V. 577, 3955, 3513 und das perfect. II per-dud avums 2119 „zur Bezeichnung der Ge-wißheit des Eintretens einer Handlung". [1] Es ist aber nicht zu übersehen, daß, wie tempus, Ausdruck und Wortstellung beweisen, die 3 ersten Stellen auf Übertragung der beim ausführlich geschilderten Tode der Helden gewöhnlichen und baselbst ganz natürlichen und angemessenen Formel [3] beruhen.

---

[1] S. Bockhoff a. a. O. p. 12, 37, 30. Daß an den Stellen, wo perf. I in ähnlicher Weise an praes. histor. oder perf. II anschließt (a. a. O. p 49 f.), der Eintrott des Lebhaften nicht ebenso hervorgehoben wird, ist zwar richtig, aber die Erklärung dieser Thatsache dürfte aber kaum mit der „durchweg untergeordneten Natur" (gegenüber der „im großen und ganzen hervorgehobenen Eigenschaft" des perf. II) in Zusammenhang gebracht werden. Vergl. a. a. O. p. 30 Z. 15 b. u. mit p. 49 Z. 13 v. o. und p 30 Z. 12 und 11 b. u. mit p. 50 Z. 6 v. o.
[2] S. Bockhoff a. a. O. p. 8, 10, 24.
[3] Die Formel findet sich in Bezug auf Anseis 1560, in Bezug auf den Tod Ol. 2021 (vergl. 2024 im abhängigen Satz), in Bezug auf den Tod Turp. 2242, in Bezug auf Mol. 2397, in Bezug auf Mol., Ol., die 12 Pairs im Berichte des Clarien 2792; für die gefallenen Franzosen überhaupt lesen wir sie 2038 und 2042. Fast immer steht „mort" an der Spitze des Verses, nur 3955, 3513 an der Spitze der zweiten Vershälfte, und 2024 ist es die zweite Silbe derselben. Vergl. auch 2756, wo es transitiv gebraucht ist.

Bei der im Rol.»Liebe herrschenden Freiheit in der Behandlung der tempora, darf unsere subjektive Empfindung durchaus nicht zu Worte kommen; um so entscheidender ist die Durchführung bestimmter tempora in der Darstellung gleicher oder ähnlicher Handlungen. Die hierfür in Betracht kommenden oben angeführten Stellen geben den Beweis, daß für die Lebhaftigkeit oder Gewichtigkeit der Handlung die Wahl des tempus nicht ohne Bedeutung ist.

b) Umschreibung des Verbalbegriffs. Weniger diesem Zwecke als dem der Anschaulichkeit dient der Gebrauch umschreibender Ausdrucksweisen wie „porter curone (herrschen), cunduire sun cors (gehen), perdre e sa vie e ses membres."[1]) Doch ist der Gebrauch solcher Wendungen im Rolands-Liede wenig ausgedehnt, sie erfordern daher keine eingehendere Behandlung.

Länger müssen wir beim Gebrauch solcher Ausdrücke verweilen, die, äußerlich hinzutretend, die Handlungen und Eigenschaften heben oder veranschaulichen.

c) Die adverbiale Bestimmung. Hierher gehört zunächst die adverbiale Bestimmung. Auszuscheiden ist hier alles, was wesentlich den Inhalt des Begriffes bereichert, und nur diejenigen Wendungen sind zu berücksichtigen, die dazu allein bestimmt sind, die Handlung für Phantasie und Empfindung lebhafter zu gestalten. Es handelt sich vor allem um solche adverbialen Bestimmungen, die nur das ausdrücklich wiederholen, was schon im Begriff des Verbums liegt wie: vedeir des oilz, plurer des oilz, curre a piet, estre finet de mort, perdre la teste desur le buc.[2])

Andere heben nachdrücklich Umstände hervor, die, wenn sie auch nicht im allgemeinen Begriff des Verbums selbst eingeschlossen sind, doch zu der dargestellten Handlung in so inniger und notwendiger Beziehung stehen, daß die Rede ihrer zum Behufe logischer Klarheit und Deutlichkeit nicht bedarf. Zu solchen die Handlung veranschaulichenben Wendungen rechne ich: estre vencud de

guere, tenir en sa main, par le puign, el destre puign, descendre a piet u. s. w.[1]) An Absichtlichkeit seitens des Dichters beim Gebrauche derartiger Ausdrücke ist um so weniger zu denken, als viele von ihnen, und es sind dies gerade die auffallendsten,[2]) nicht nur in unserer, sondern auch in anderen chansons de geste so häufig vorkommen, daß sie als gangbare Münze anzusehen sind, deren jeder sich bedient, ohne die Prägung genau zu beachten. Ihre Entstehung aber verdanken sie jedenfalls, wenn nicht der Absicht, so doch dem Triebe, der Rede eine sattere und vollere Farbe zu verleihen.

d) Die Negation. In demselben Sinne behandelt der Dichter auch die Negation.

Im allgemeinen wird ein bejahender Satz größere Kraft, reicheren Inhalt haben als der der Natur der Sache nach allgemeinere negative Satz.

Es giebt aber Umstände, unter welchen die Negation wieder zur Position wird, und in diesen Fällen kommt der Gedanke um so kräftiger zum Ausdruck.

Das einfachste Mittel dies zu erreichen, ist die Anwendung der doppelten Negation; dieselbe findet sich bei unserem Dichter nicht selten: ne poet muer que-ne[3]), ne laisser que-ne,[4]) ne s'poet guarder que-ne,[5]) il n'ia ki ne.[6])

Auch so ist der Gedanke positiv, wo der negative Ausdruck besagt, daß es nichts Schlechteres oder Besseres, nichts Größeres, nichts Ähnliches gebe.[7])

Es scheint ens nur das Außergewöhnliche des Ausdrucks zu sein, was die Einführung negativer Wendungen in das Epos

---

[1]) 930 (vergl. 3236); 892 (vergl. 901); 1408 (vergl. 964). S. auch 1860, 1992 (ne loinz ne pres), 2028 (e anz e dis).
[2]) 298, 682; 773, 1446; 890; 902; 3289.

[1]) 235: 386, 509; 415, 466, 484, 767, 874, 2678 (vergl. 2830); 2013, 2071, einmal, B. 3096, de sun cheval descent. Vergl. 345, 346; 284, 272; 601, 626, 633; 867; 2821 und 2840. Man vergleiche auch die Schwurformeln der Helden.
[2]) 3. B. plurer des oilz, perdre la teste desur le buc.
[3]) 773, 825, 834, 841.
[4]) 457, 459, 859, 893, 1206, 1252, 1659.
[5]) 9, 95.
[6]) 571 822, 1430, 1482, 1522, 3169—3170, 1618, 1819, 1845. vergl. 915 und 971 (jamais nert jorn que-ne), 958, 987, 1003, 1433, 604.
[7]) 231, 279, 395, 532 f.. 545, 558, 620, 629, 744, 750, 775, 910, 1044, 1048, 1158, 1632, (vergl. 1442), 1216, 1461, 1850, 1857, 3248, 3377.

veranlaßt hat. Hierher sind zu rechnen die
Ausdrücke: ne targer[1], n'aveir guarant oder
guarantisun,[2] ne porter la teste,[3] n'amer,[4]
ne guerpir bataille,[5] n'aveir cure,[6] ne
falt[7], ne laisser.[8] Nach dem in unserem
Epos herrschenden Gebrauch ist zu schließen,
daß sie traditionell geworden sind.

Aber auch abgesehen von dem positiven
Inhalt der Rede kann der negative Ausdruck an Kraft gewinnen, nämlich durch
die Verstärkung der Negation selbst;
diese kann in doppelter Weise eintreten:

In erster Linie wird sie bewirkt durch einen
Zusatz, welcher besagt, daß alles: Ort,
Zeit, Umstände,[9] oder daß selbst ein
Kleinstes[10] in der Sphäre der Negation
enthalten ist.

In zweiter Linie kommt die Konstruktion in Betracht: Ein Begriff wird zunächst
absolut verneint, und erst ein folgender Nebensatz bringt die Beschränkung, unter welcher
die Regierung allein statt hat. So erhält
z. B. der Gedanke, daß die festen Plätze Spaniens
Karl dem Großen nicht widerstanden haben,
einen besonderen Nachdruck durch die vom Dichter
vorgezogene Wendung: ni ad castel ki
u. s. w.[11]

Selbstverständlich schließen diese für die
Verstärkung der Negation verwendeten Formen

die durch den positiven Gedankeninhalt her-
beigeführte Kräftigung des Ausdrucks nicht aus;
sie sind vielmehr häufig mit derselben verbunden,
wie denn in dem oben angeführten Beispiel der
zu Grunde liegende positive Gedanke der ist,
daß Karl alle Burgen erobert hat[1]

e) Der Vergleich. — Schon im vorhergehenden wurde bemerkt, daß der Dichter, um
eine Sache an Größe und Wichtigkeit zu heben,
sich der Wendung bedient, daß nichts Ähnliches existiert. Es kommt ganz auf das
Gleiche hinaus, wenn in affirmativer Form
von einem Gegenstande gesagt wird, er über-
treffe einen anderen, selbst hervorragenden,
an Wert, Größe u. s. w. So vergleicht
der Dichter edle Steine, von deren Kostbarkeit
er eine Anschauung geben will, mit dem „aveir
de Rume."[2] Um die Schnelligkeit der Helden
oder ihrer Schlachtrosse zu veranschaulichen, läßt
er sie die bei „verge pelee", des Sperbers, der
Schwalbe u. s. w. übertreffen[3]

Häufig genügt ihm auch, statt des Vorzuges,
die einfache Gleichstellung: Abisme z. B. ist
schwarz „cume peiz ki est demise,[4] Gan.
wird umhergeführt wie ein Bär,[5] die Franzosen
sind stolz wie Löwen.[6] Bal. ist weiß „cume
flur en estet"[7], und die Bärte der französischen
Ritter sind weiß „cume neif sur gelee".[8]

---

[1] 338, 1345, 1445, 2805; vergl. 3366, 3445 (le
hastet).
[2] 924, 1081, 290, 948, 1277: vergl. 1495 (ne-
gnarir).
[3] 935 (v rgl. 1179, 2061).
[4] 284, 327, 494, 1548, 1621, 1642, 3261; hair
findet sich nui 1244.
[5] 3071.
[6] 314, 1170, 1361.
[7] 3344, 3359, 3417.
[8] 2069 vergl. 2030.
[9] Für alle Zeiten: ia mais 579 ꝛc. une. unkes,
une mais 1040, 1044, 1168, 1461 ꝛc, en tute vostre
vie 595 .872, 281, desqua deu inise 1133.
Für alle Orte: suz cel 1216, 1244, 1112, 1782,
3031 u s. w., suz la cape del ciel 545, en tere
d'Espaigne 910. 930, d'ici qu'en Orient 558.
Für alle Umstände: par malvaises nuveles 810,
pur tut l'or den 888, ja pur murir 1096, 3041, 3048.
Vergl. 3354.
[10] Hierher gehören folgende Ausdrücke: mie 140,
465, 518, 1186, 1700 u. s. w.; dener 1262 1666, 1962,
3336; gunat 3189, Vergl. auch nient 327, 379, 1665,
Andere Ausdrücke derart f. 755 f.. 1048, 806.
[11] 4 f., 22, 101 f., 376, 411, 693 f., 750, 779,
1244, 1442, 1657, 2739.

---

[1] Um den Stoff zu erschöpfen, seien hier folgende
Bemerkungen angeschlossen:
In einigen Fällen ist mit der negativen Wendung,
wenigstens für unser Gefühl, eine ironische Färbung
des Ausdrucks verbunden; so vielleicht 332, 1411 (vergl.
1406), 2836 und 2837, 3011. In der Übersetzung giebt
Gautier dieselbe fast nirgends wieder, einmal (1411) entfernt er sie auch von dem Text.
Beispiele rhetorischer Fragen sind B. 534, 1185b,
2812b, die zwei letzten entschieden formelhaft.
Bedeutender Nachdruck wird dem Gedanken auch
durch Gegenüberstellung des bejahenden und des ver-
neinenden Satzes verliehen: 140, 179—186, 598 f.,
639 f., 721, 736, 1361 f., Aud 1207 f. und 1210 hat
die negative Wendung Bezug auf eine vorangehende
affirmative.
[2] 639, Berat 516.
[3] 3323, 1492, (1573) 890 wird die Schnelligkeit
des Cors. mit der des Pferdes verglichen, 977 f. die Stärke
des Chern. mit der von 4 Mäulern, 1110 ter „contenance"
Bol. mit der des Löwen und Leopacden, 1636 f. leht Abisme
Verrat mehr als „trestut lor de Galice" Vergl 13,
177, 636, 621, 1617, 1919, 2099, 2730, 2990, 3070.
[4] 1635.
[5] 1827.
[6] 1888.
[7] 3162. Vergl. 3173, 3503, 3521 (flur en espine).
[8] 3319.

Endlich dient dem Dichter, um die Trefflichkeit der Helden zu bezeichnen, als Vergleichungspunkt das Ideal des Ritters: cum chevaler gentill, en guise de baron.¹) Der Verräter Gan. hingegen wird behandelt „cume fel ki felonie fist" und er stirbt „cume fel recreant". ¹)

Unter den im vorhergehenden angeführten Beispielen waren mehrere, in welchen der Dichter Eigenschaften der Helden mit Eigentümlichkeiten aus dem Tier- und Pflanzenreich vergleicht; bekanntlich ist nur ein einziger Vergleich (1874 f.), der bei Homer gewöhnlichen Behandlungsweise annähernd entsprechend, in einem Satze ausgeführt. Bei allen anderen wird bloß vermittelst eines „cume" auf den zu vergleichenden Gegenstand hingewiesen: dies nach Tobler (a. a. O. p. 173, das Richtige.

§. 3. **Wortstellung und Symmetrie des Satzbaus.**

a) Wortstellung. Der Freiheit in der Stellung der Wörter verdankt der altfranz. Dichter dem neufranz. gegenüber einen nicht unbedeutenden Vorteil. In wie weit hat der Rolandsdichter denselben benutzt? In wie weit sind Eigentümlichkeiten der Wortstellung Sache des Zufalls ohne jedes Interesse für den Dichter und seine Zuhörer? In wie weit sind metrische Gründe maßgebend gewesen? Bloß annäherungsweise lassen sich die Grenzen der durch das Versmaß ausgeübten Wirkung bestimmen. Unter diesen Verhältnissen wird die Zahl der Fälle, in welchen sich mit einiger Sicherheit nachweisen läßt, daß der Eindruck von der Bedeutung der Wortfolge für Pathos und Anschaulichkeit der Schilderung mehr sei als eine bloß subjektive Ansicht, notwendigerweise sehr beschränkt sein.

Gast. Paris³) bemerkt, daß bei der Regellosigkeit der Wortstellung das wichtige Wort von selbst an die Spitze des Satzes trete. Wie sehr dies geeignet sei, uns die Empfindung des Dichters zu vermitteln, zeigt er an dem Vers hauts sont les monts etc. (Eine Vergleichung ähnlicher Stellen, wo der Dichter Zeit und Ort des Ereignisses, den Anblick eines Heeres (z B. 2630) 2c. schildert, beweist die Vorliebe desselben für diese Wort-

¹) 1853, 1870, 1902. Vergl. 427 (cume celui ki ben faire le set).
²) 3832, 3973.
³) Hist p. d Cb. p. 24.

stellung innerhalb des betreffenden Darstellungskreises. Sicherheit für die Richtigkeit unseres Urteils auch über das Gebiet der Beschreibung hinaus gewährt vor allem die schon oben erwähnte Stelle „morz est li quenz" (Ol), mehr noch als durch die Zahl der ebendaselbst angeführten Par. durch ihre poetische Bedeutung hervorhebende Wiederholung beim Tode Turp. und Rol., am meisten durch die Übertragung auf andere Situationen. Gerade das formelhafte garantiert hier die ursprüngliche dichterische Empfindung.

Ist aber dies für einen Fall gesichert, so gewinnt die Annahme, daß auch sonst durch Voranstellung des Verbums ein stärkerer Nachdruck erzielt wird, an Sicherheit.¹) Ferner, was für das Verbum und das Prädikat gilt, kann unter Umständen auch für andere Redeteile und Satzteile gelten. So werden besonders die Ortsadverbien, die adverbialen Zusätze der Negation,²) auch das Subject bei Adverbien wie jemais, unc etc. mit Emphase vorangestellt. Auch die ausnahmsweise Nachstellung eines Wortes kann diese Wirkung erzielen, so wie von „nule" hinter das subst. B. 3760. Daß bei der Konstruktion mit vorangestelltem co est³) häufig stärkere Betonung veranlaßt wird, unterliegt keinem Zweifel, fraglich hingegen ist, ob es nicht allein dem Zufall zugeschrieben werden muß, wenn die Inversion, die beim konj. Befehlssatz mit ausgesetztem Subject stets eintritt (abgesehen von dem durch das Metrum auferlegten Zwange), bei „deus" nicht stattfindet. ⁴)

—

¹) Vergl. aber 2302 mit 2340!
²) Vergl. 736 mit 317!
³) co est — ki findet sich 1434.
⁴) Nach Morf, auf dessen leben erwähnter Abhandlung ich hier fuße, sind im übrigen für die Wortstellung stilistische Motive (stärkere Betonung 2c.) nicht oder kaum maßgebend, so insbesondere nicht für die Stellung des pron. absolu und bes pron. conjoint, auch nicht für die des pron. imperativo.
Heinzel (der Stil der altgermanischen Poesie) legt großes Gewicht auf die Trennung der Apposition von dem Beziehungsworte.
Dieselbe findet sich auch im Rolands-Liede (Charles li emperères riches. Vergl. 2149, 2444 2c.), ohne für den Stil charakteristisch zu sein. Ebenso verhält es sich um einer anderen wohl Heinzel bemerkten Eigentümlichkeit. S. 882—884 und 970 f. — Die Auseinanderstellung koordinierter Satzteile läßt sich nach Morf im Rolands-Liede fast stets auf metrische Gründe zurückführen; auch bei nicht seltenem Chiasmus beruht hierauf.

b) Die Symmetrie. Die unvermeidliche Folge der in Kap. I. §. 3 dargestellten Behandlungsweise des Satzes mußte eine gewisse Unbeholfenheit und Einförmigkeit des Stiles sein. Doch hat auch dieser mit seinen groben Balken und Gefügen zur Aufnahme subtiler Gedanken allerdings nicht geschaffene Satzbau sich in unserem Epos einer künstlerischen Ausgestaltung nicht unfähig erwiesen.

Die so zu sagen physischen Grundlagen für diese künstlerische Gestaltung sind in dem Verhältnisse des Satzbaus zum Versbau¹) gegeben:

1. Nur in den selteneren Fällen (27—28 % sämtlicher B.) nimmt ein Satz oder Satzgefüge mehr als den Raum eines Verses ein.

2. Ungefähr ebensoviel (25—26 %) beträgt die Zahl der Verse, die mehr als einen Satz umfassen, entweder mehrere Hauptsätze oder Haupt- und Nebensatz, ersteres das Häufigere.

3. In den meisten Fällen treffen Vers und Hauptsatz zusammen.

Es ist offenbar, wie durch diese Sachlage die Grundlage des symmetrischen Baues schon vorbereitet ist:

1. Aufeinanderfolgende Versgruppen der ersten Art werden wegen des verhältnismäßig seltenen Vorkommens und wegen der Möglichkeit verschiedener Konstruktionen nur selten²) einen gleichmäßigen Bau aufweisen. Um so häufiger sind einzelne Verse innerhalb der mehr als zwei Verse umfassenden Gruppen selbst symmetrisch: Satzgefüge mit Nebensätzen verschiedener Art und verschiedenen Grades sind nämlich sehr selten,³) und selten tritt auch der Fall ein, daß die Gleichmäßigkeit durch Verteilung von Haupt- und Nebensatz auf denselben Vers oder dieselben Verse leitet (von sämtlichen Versen etwas mehr als 1 %); häufiger sind die, symmetrische Fassung in der Regel involvierenden Stellen, wo koordinierte Nebensätze oder Satzteile mehrere Verse ausfüllen (die letzten allein 4 %).

¹) Hier kommt nur die stets hinter der vierten Silbe eintretende Pause und der durch leise „enjambement" gemilderte Einschnitt am Ende des Verses in Betracht. (Verse wie 1821 und 1915 sind sehr selten.)

²) Doch fehlt es nicht ganz an Beispielen der Art. Vergl. V. 845—847 und 848—850.

³) Beispiele: 220—227, 457—461 (doch vergl. 457 und 458), 1932—1935 (vergl. auch hier 1933 und 1934).

2. Bei zwei aufeinanderfolgenden Versen, die mehrere (zwei) Sätze umfassen, ist Symmetrie stets da vorhanden, wo dieselben Hauptsätze sind. Dieser Fall tritt öfter bei Orts- und Zeitschilderungen ein (V. 814 u. 815 zc.).¹) Weniger in Betracht kommen die aus Haupt- und Nebensatz bestehenden Verszeilen, einmal wegen der geringeren Menge derselben, dann wegen der bei den verschiedenen möglichen Stellungen des Nebensatzes wachsenden Zahl der möglichen Permutationen; ohne Beispiel ist jedoch die Symmetrie bei solchen Versen nicht (V. 17 u. 18).

3. Verse der dritten Art müssen in Anbetracht ihrer Zahl notwendigerweise häufig aufeinanderfolgen; daß in diesem Falle die Symmetrie sich nicht selten von selbst einstellen wird, ergiebt sich aus folgendem Rechenexempel:

Besteht der Satz bloß aus subj. und präd., so sind nur zwei Permutationen möglich; solche Verse werden, wenn sie aufeinander folgen, stets symmetrisch sein (den „Chiasmus" als Symmetrie gerechnet).

Sätze, welche Subj., Präd. und Obj. (oder nähere oder adverbiale Bestimmung) enthalten, lassen 6 Permutationen zu; in jedem dritten Falle haben wir also auch in jeder Symmetrie. Nur ein merkwürdiger Zufall oder Absicht könnte das Eintreten derselben ganz vermeiden.

Bei Versen, deren Hauptsatz mehr als 3 Satzteile umfaßt, ist in der Regel der eine der letzteren so kurz, daß er für den Eindruck des Symmetrischen nicht mehr in Betracht kommt; es trifft also dieser Fall mit dem vorhergehenden zusammen.

Alle diese Fälle einer formalen Symmetrie berühren nun, wenn dem bloßen Zufall entsprungen und überlassen, den Stil unseres Epos nicht im geringsten. Ganz anders, wenn sich ein ästhetisches Wohlgefallen des Dichters (bezw. seiner Zuhörer) an denselben nachweisen ließe; dies ist in der That überall da der Fall, wo die Symmetrie der Form mit der des Gedankens sich verbindet; und Beispiele dieser Art gehören im Rol.-Liede nicht zu den Seltenheiten: Entweder wird nämlich derselbe Gedanke doppelt in

¹) Aber auch in anderen Fällen: S. z. B. V. 117 und 118.

²) Natürlich sind hier gewöhnlich auch die Halbverse symmetrisch S. 157, 782 zc.

verſchiedenen Ausdrücken, aber ſonſt ange-
glichener Form wiedergegeben,[1] oder zwei
Gedanken werden einander entgegengeſetzt,
ſo daß die einzelnen Ausdrücke einander ent-
ſprechen.[1] Es kommt hierbei natürlich nicht
in Frage, ob dieſe Darſtellungsform jedem
Geſchmacke zuſagen würde; jedenfalls war ſie
nach dem Geſchmacke jener Jahrhunderte. Iſt
doch dieſe künſtleriſche Form dem naiven Sinne
am adäquateſten; iſt ſie doch den Formen der
ſtrengen Architektur, ſo wie denen der bildenden
Kunſt des Mittelalters entſprechend, verrät die
Vorliebe für dieſelbe ſich doch auch in mehrfacher
Beziehung in der Kompoſition des Rol.-Liedes
ſelbſt!

Anhang.

Man ſieht aus allem Vorhergehenden, daß,
trotz aller Einfachheit, gewiſſe künſtleriſche Mittel
der Wirkung vom Dichter nicht verſchmäht
werden. An einzelnen Stellen geht derſelbe
noch weiter: Er verläßt den eigentlich epiſchen
Stil ganz, um mit ſeiner eigenen Perſon her-
vorzutreten. Vermittelſt eingeſchobener Ausrufe
wie „deus“, „deus quel dulur“, „deus quel
baron,“„deus li otreit la sue einte beneicun[3],“
bringt er ſeine eigenen, den Bericht der That-
ſachen begleitenden Empfindungen zum Ausdruck.
Verſe wie „ki lui veist lun geter mort
sul altre“[4] will er doch gewiß, wie ſchon die
Form des Ausrufs zeigt, mehr ausdrücken als
die kalte Verſicherung, daß ſo etwas nicht alle
Tage geſehen werde; auch die Wendung „de
co qui calt“[5] gehört hierher, in ſofern als
ſich in ihr der Schmerz darüber kund giebt, daß
das Unheil unabwendbar iſt; zweimal[6] bedient
er ſich bei ſolch eingeſchobenen Sätzen geradezu
der 1. Perſon; in dem einen Falle will er wohl
durch „ne quit“ dem Gedanken eine ironiſche
Wendung geben, der andere Ausdruck: „ne loi

dire ne io mie nel sai“ dient dazu, die Tapferkeit Gerins und Geriers hervorzuheben.
    In den bisher angeführten Stellen tritt die
eigene Empfindung des Dichters zu Tage;
an anderen verſichert er die Wahrheit der erzählten Ereigniſſe[1] indem er ſich auf die „geste“,
oder auf „cartres“ und „brefs“, auf die Pilger
oder auf „tuit li altre“ beruft.[2] Einmal[3]
wendet er ſich direkt an ſeine Zuhörer, ihr
Mitgefühl in Anſpruch nehmend. Mehrmals
endlich iſt es ihm um die moraliſche Bedeutung der erzählten Ereigniſſe zu thun,
dann unterbricht er die Erzählung durch eine
Sentenz.[4]

Kapitel III.

In Kapitel I haben wir unter Zugrunde-
legung der Sachteile die Elemente des Stils
zum Gegenſtande der Unterſuchung gemacht;
darauf haben wir die Mittel aufgeſucht und
beobachtet, welche den Dichter zu Gebote ſtehen,
wenn er die in jenen enthaltenen Begriffe für
Phantaſie und Gemüt heben und beleben will;
ſo ſind wir vom Einfacheren zum Komplizierteren
fortgeſchritten: Es erübrigt uns noch die Erzählung als Ganzes in ihrem Zuſammen-
hange zu betrachten.
    Der Fortgang derſelben iſt im allgemeinen
ſo einfach als möglich: Das Rolandslied kennt
keine ausführlichen Beſchreibungen, keine Epiſo-
den,[5] keine künſtliche Kompoſition wie z. B.
die Odyſſee.
    Indes ſtehen mit der Tiradenbildung
deſſelben Eigentümlichkeiten in Verbindung,
welche zu einer eingehenderen Unterſuchung auf-
fordern.
    I. Jede Strophe muß ihrem Weſen nach ein
in gewiſſem Sinne abgeſchloſſenes Ganze
bilden: Dieſer Charakter iſt an der Tirade
des altfranzöſiſchen Epos und ſpeziell des Rolandsliedes beſonders ſtark ausgeprägt.

---

[1] 18 und 19; 140 (negativ) und 141 (poſitiv) 325
(auf den Körper bezüglich) und 326 (auf die Seele bezüglich) 457 und 458; 958 und 959 ꝛc. Symmetriſche Halb-
verſe ſind z. B. in V 318.
    [2] 1086 und 1087; 1162 und 1163 ꝛc. S. die Halb-
verſe in V. 229 (vergl. 569, 1100, 1399, 2029, 2230,
2138 ꝛc. Vergl. auch 742–744 und 748–750.
    [3] 1183, 1196, 3872; 716; 3161; 2245.
    [4] 1341 f.; 1181 f.; 1680; 1970; 3483–3488.
    [5] 1405; 1806, 1840, 1930. Vergl. „que fereient
il el“ 1185 und „que fereient il plus“ 2812.
    [6] 1666; 1386.

[1] Dies iſt in den Epen ſpäterer Jahrhunderte bekanntlich eine feſtſtehende Sitte.
    [2] 1443, 1684, 2095 ff., 3261, 3742, 3687; 3039;
3746 (aliquanz).
    [3] 1558; Vergl. 1546 und 3364 ki quen plurt etc..
    [4] 3657, 3959, 3974; vergl. 1878 f. Zweimal legt
er auch den Helden ſolche Sentenzen in den Mund (604,
1008)
    [5] Es iſt hier nur die Epiſode als Kunſtmittel ge-
meint. Die Val.-Epiſode kommt daher nicht in Betracht.

Die relative Selbstständigkeit der Tiraden spricht sich in folgenden Merkmalen aus:

Der Dichter schildert gern im Anfange der Tirade eine Situation:¹) Er giebt eine Beschreibung der Zeit, des Ortes, der Schlacht, des Heeres,²) oder die Charakteristik eines Helden,³) oder die Schilderung der Verhältnisse Spaniens;⁴) einmal beginnt die Tirade mit einer Sentenz.⁵)

Ein Zustand, nicht eine Handlung, wird auch in allen denjenigen Tiraden geschildert, welche mit i out, i ad, est beginnen. Diese Wendung finden wir zunächst in denjenigen Tiraden, in welchen die sarazenischen Ritter dem Neffen des Marf. ihre Gefolgschaft anbieten und welche mit der Schilderung dieser Ritter beginnen,⁶) ferner in den drei ersten derjenigen, welche die Einzelkämpfe erzählen,⁷) endlich in den die Kämpfe der Entscheidungsschlacht behandelnden Abschnitten.⁸)

Ein äußerer oder innerer Zustand wird ferner bezeichnet durch intransitive Verba, deren Begriff die Ruhe einschließt, so wie durch Empfindungen schildernde Ausdrücke: So heißt es von Ger. Tir. CVI.: „set el cheval", CLI. beginnt: „Rol. ad doel" (vergl. CCLII.) und CXLIV.: „Ol. sent que u mort est ferut" x. ⁹)

In vielen Fällen endlich wird zwar eine Handlung berichtet, aber der Dichter stellt dieselbe als eine vollendete dar; er bedient sich nämlich am Anfang der Tirade des passé indéfini oder passé antérieur, während im weiteren Verlaufe passé défini oder présent histor. eintritt.¹) Wo das passé indéfini nicht unmittelbar am Anfang der Tir. steht, haben die vorhergehenden tempora, entweder das Verhältnis eines Vorberfatzes, oder, wenn sie absolut stehen, das einer einleitenden, orientierenden Bemerkung.²)

Zu diesen die Abgeschlossenheit der Tirade charakterisierenden positiven Merkmalen kommt häufig noch ein negatives: Nur selten bedient sich der Dichter der zur Verkettung der prosaischen Rede stets angewandten Mittel, der verbindenden und hin(rück-)weisenden Redeteile.³)

II. Wenn nun unser Epos trotzdem ein zusammenhängendes Ganze sein soll, welche Mittel hat denn der Dichter, so müssen wir uns fragen, um diesen Zusammenhang äußerlich zu bezeichnen?

1. Ein gewisser Zusammenhang besteht schon da, wo die Situation, welche er im ersten oder in den ersten V. einer Tirade schildert,

---

¹) Dabei bedient er sich, stets mit Ausnahme von CC, des Hauptsatzes.

²) Tirade 11, 55, 57, 64 135, 136, 166 180 188, 206,268, 269, 283 (vergl. 260): 102. 109,121, 107 267 nach der Schlacht); 186, 239, 240, 242, 246. LXXVII B. 1002 und CCLXXII, B. 3745 kommen solche Beschreibungen inmitten der Tiraden vor.

³) III. CXXIII. CLII. LXXXV. CI, CLVII, CCXXVIII, CCXXXVII, CCXXXVIII, CCXLIII, CCLVIII, CCLXI. CCLXIII, CCLXXIV, CCLXXXVI. Eine Schlachtschilderung findet sich am Ende jeder der Tiraden von CCXLV bis CCXLVII.

⁴) I, VIII, LIV und CLXXXV. In Tirade VIII folgt nach der Schilderung der Lage Spaniens noch die Beschreibung des Schlagers, den kaiserlichen Thron umgebenden Ritter u. s. w., so daß die Handlung nur in den 2 letzten Versen fortschreitet.

⁵) CXLVI.

⁶) Tirade XIX bis LXXVI ausgenommen LXXV.

⁷) Tirade XCI—XCIII. Von diesen weichen die folgenden Tiraden auch in anderer Hinsicht ab.

⁸) CXV, CXVII, CXIX, CXXI; ebenso LXXXVII: XLVI beginnt: „un faldestoed i out", obgl ich dies schon vorher erwähnt war. Bergl. CXLVII (..ns vus").

⁹) Ebenso beginnen die Tiraden CXLV, CXLVIII, und ähnlich (in Bezug auf Roland) Tirade CLXVIII. Bergl. CCXLV, CCLI. CXXXIII u. f. w.

---

¹) Siehe die Tiraden IX. XVI, IXX, XXXII. XXXIII, XXXV, XXXVI bis XXXVIII. LXII, LXVII. LXXVII u. f. LXXXIX. CX CXXXIV CXXXIX,CXLI, LXXVIII(i.b 3 Bers), CLXXIX, CLXXXIV, CLXXXIX, CXCV. CXCVII. (CI, CXII, CXVIII, CXXIX, CXXX u. f. CCXXXI, CCXLIV, CCLVII, CCLXXII, CCLXXXI II, CCLXXXIX CCXCII.

²) S. Bedheft a. a. O. p. 27 f. daselbst auch die Stellen. Ich muß B. insofern widersprechen, als ich nicht zugeben kann, daß die durch Perf. II ausgedrückte Handlung in so scharfem Gegensatz zu einem Zustande sieht. Die von ihm p 28,4 angeführten Stellen scheinen mir eher gegen als für seine Ansicht zu sprechen.

³) Die Verbindung wird hergestellt:
1) durch Konjunktionen und gewisse Adverbien in Tirade XXXII. XLVII bis XLIX. CXLIX. CCXXXIII. CCXLIX und CCXXXV,
2: auch auf das Vorhergehende zurückweisende Pron.
a) demonstr. in Tirade XVI,CLXXXII,CLXXXVI.
b) poss ss.: in Tirade V VI. XII,XIV,CCXXVII.
c) person.: in Tirade CXXX,CLVI. CLXXXIX:
a) durch „i" in Tirade CXXX, XV, LXVI, CXVI, CVIII: durch „i" in Tirade XLIV, LXXV. CX und allen mit i ad. i out etc. beginnenten Tiraden,
3) durch den Artikel: XI, XXXVI u. f. w. Die letztgenannten Verbindungen sind natürlich nur sehr locker.

als Folge oder Resümé des in der vorhergehenden Strophe Erzählten betrachtet werden kann.¹)

2. Enger ist die Verkettung, wenn der Dichter die Schlußverse oder einen der Schlußverse einer Tirade wörtlich oder fast wörtlich am Anfang der folgenden wiederholt.²)

3. In einigen Fällen wird die Zusammengehörigkeit dadurch bezeichnet, daß die ersten oder letzten Verse zweier oder auch mehrerer Tiraden einander gleich sind, entweder bloß dem Sinne oder auch dem Wortlaut nach. Nur falsche, der gelesenen oder gesprochenen Erzählung entnommene Voraussetzungen konnten in dieser Eigentümlichkeit einen Mangel an Zusammenhang erkennen lassen.³)

4. Endlich gehören hierher die sogenannten „laisses similaires". Die in Betreff dieser Erscheinung weitauseinandergehenden Ansichten der Gelehrten haben in Dietrich durch dessen Abhandlung „Über die Wiederholungen in den altfranzösischen „chansons de geste". (Erlangen 1881) bereits ihren Historiographen gefunden. Der Tendenz unserer Abhandlung gemäß, die im Rolandsliede vorhandenen für den epischen Stil charakteristischen Thatsachen festzustellen und für sich sprechen zu lassen, gebe ich hier eine Übersicht der in unserem Epos vorkommenden derartigen Tiraden.

Tiraden V u. VI: diese ist keine bloße Wiederholung von jener. Nur V hat die Namen der Gesandten, nur VI die Friedensbedingungen Marf.⁴)

Tiraden XXXIX u. XL; diese Tiraden entsprechen sich in dem ersten Teil; die zweite Hälfte von XL bringt aber Neues, und Gan. kommt in der Unterhaltung mit Marf. seinem Ziele näher.

---

¹) Tirade II, V, VI, XIV, XXXIII, LIV (3), LXV (vergl. LXII), LXVIII (2 und 3), CXXVI, CXLVIII (vergl. CXLV und CXLVII), CXLIX, CLIX, CI XIV, CCXVI f., CCXX, CCLXVIII (3), CCLXX f., CCXLVII (2).
²) Tirade X; XII B. 168 f. (und die zwei vorletzten Verse von XI), LXXVII, CXLVII, CLV, CLXIII, (und der vorletzte Vers von CLXII), CLXVI (der 2. und 3. Vers), CCXXVI (f. CCXXV B. 3117), CCXLIII der 2. B. (f. CCXL I B. 9359). CCLXV (f. CCLXIV B. 3620) und CCLXVI (der 2. B.)
³) S. CCXC und CXCI, CCXLV bis CCXLVIII, CCLX und CCLXI xc.
⁴) Man beachte, daß auch die letzten Verse dieser Tiraden sich entsprechen.

R.

Tiraden XL u. XLI. Bloße Wiederholung.
Tirade XLII u. f. In XLIII wiederholt Gan. zuerst wörtlich das in der vorhergehenden Tirade bereits Gesagte; aber die detailliertere Auseinandersetzung seines treulosen Planes ist nur XLIII eigen.
LVIII u. f. Rol. erwidert zweimal dem Gan. auf dessen Vorschlag, ihm die Nachhut zu übergeben. Von Wiederholung ist hier, abgesehen von den die Worte Rol. einleitenden Versen, gar keine Rede: Das erste Mal spricht Rol. a lei de chevaler, das zweite Mal ireement.¹)
LXXVIII u. f. Zwischen beiden Strophen besteht eine wesentliche Differenz: Nicht nur, daß die Schilderung des Heeres in LXXIX eine viel detailliertere ist, die Handlung selbst schreitet auch in der That vor: denn Cl. steigt vom Hügel herab, um den Kriegsgefährten das Resultat seiner Ausspäh mitzuteilen.
Tiraden LXXXI — LXXXIII. In den 2 leisen dieser 3 „Parallelstrophen" findet, den erstern gegenüber, ein wesentlicher Fortschritt der Handlung statt: Die Bitte Cl. wird jedesmal dringender, und mithin der Widerspruch Rol. auch energischer: überdies enthält die Antwort Rol. in LXXXII u. LXXXIII ein neues Motiv: er will nicht den Seinen durch das Blasen des Olifant Schande bereiten. Die zwei letzten Tiraden bieten keine wesentlich verschiedenen Züge.²)
Tiraden CXXIV u. CXXIII 1620—1627.³)
Beide schildern die allgemeine Schlacht; doch schreitet der Bericht in CXXIIIb (1610—1627) weiter fort bis zur Entscheidung des Kampfes.⁴)
Tirade CXXVII f. In CXXVIII ist keine von CXXVII verschiedene Situation; indes bringt daselbst Ol. andere Motive vor, um Rol. von dem Blasen des Hornes abzuhalten.

---

¹) Mit Müller will auch Dietr. Tirade LIX streichen; die auch dann noch übrig bleibenden „Widersprüche" läßt er „alle schwinden", indem er einen Gedanken einschiebt, der in der Überlieferung so gut wie gar keinen Halt besitzt.
²) B. 1070 f., 1073, 1076, 1079 sind wörtliche Wiederholungen von 1059 xc; die übrigen Verse unterscheiden sich wohl bloß der Form nach.
³) Aus dem im folgenden Erörterten ergibt sich von selbst hervor, weshalb wir diese Folge der Tiraden für die richtige halten.
⁴) In CXXIV handelt es sich von Verwunderung, die Sarazenen verlangen Hülfe von Marf. u. f. w; in CXXIIIb liegen die Toten haufenweise aufeinander, und die Feinde fliehen.

Tirade CXXXIV — CXXXVII. In allen vier Tiraden schildert der Dichter, wie die Ritter mit Karl dem Gr. Rol. zur Hülfe eilen. Dies ist der Mittelpunkt; der um denselben sich bewegende Kreis ist bald enger, bald weiter; die Erweiterungen sind doppelter Art: Durch einen Teil derselben erhalten gewisse Partien der Schilderung ein bewegteres Leben; die anderen bilden einen Fortschritt in der Erzählung. Tirade CXLI u. f. CXLII zeigt am Anfang entschieden dieselbe Situation wie CXLI¹), aber in jener Tirade werden einzelne Teile, die Beschreibung der Truppen Marf. und die Ansprache Rol., welche CXLI ausführlich gegeben hat, nur in verkürzter Form wiederholt, und, was die Hauptsache ist, es findet in CXLII auch ein wirklicher Fortschritt statt: Die Franken stürzen sich ins Gefecht. Tiraden CXLIV u. CXLV. In beiden Tiraden ist die allgemeine Situation dieselbe; in beiden fühlt sich Ol. „ferut" oder „naffret", und in beiden ruft er den treuen Kriegsgefährten Rol.; aber während er CXLIV Margariz tötet, erliegt CXLV eine Menge von feindlichen Kriegern seinen wütenden Hieben. Trotz der äußeren Angleichung haben wir also hier 2 verschiedene Handlungen. CLXVIII — CLXX. CLXVIII führt uns Rol. vor, der des Augenlichtes beraubt ist und der sich, an einen Felsen angelehnt, noch aufrecht hält: dies der Inhalt der 4 ersten Verse; er ist dieser Tirade eigentümlich; `alles übrige finden wir in den 2 folgenden Strophen wieder, jedoch so, daß CLXIX das in der ersten Tirade über Durendals Kämpfe und Siege Berichtete weiter ausführt und daß CLXX die Reliquien hinzufügt, von welchen bisher keine Rede gewesen war: das der äußere Vorgang bildet in allen 3 Tiraden derselbe zu sein; doch enthält B. 2875 (Karl erkennt auf den drei Felsen Rol. Schwerthiebe) den Beweis, daß der Dichter in der That drei angegliche, aber verschiedene Vorgänge erzählen will. Mit der Anordnung dieser Tirade läßt sich die der 3 folgenden vergleichen: Tiraden CLXXI — CLXXIII. In der ersten dieser Tiraden wird das Herannahen des Todes näher (vom Kopf bringt er zum Herzen) geschildert, Tirade CLXXII spricht davon nur im

allgemeinen, Tirade CLXXIII endlich erwähnt es gar nicht mehr (1). Die Angabe des Ortes, wo Rol. den Tod erwartet, haben alle drei (2), alle drei erzählen auch, wie er das Antlitz gegen die Feinde wendet (4), in allen endlich findet sich das Sündenbekenntnis, in den letzten beiden jedoch ausführlicher als in der ersten (6). Der Beistand der Engel, wovon CLXXI erwähnt, in der letzten ausführlich geschildert (7). Die letzte Tirade allein verfolgt die Ereignisse bis zum Tode des Helden (8). Zwei Stellen, B. 2359 und B. 2375 — 2382, sind bisher noch nicht in Betracht gezogen worden, wir bezeichnen sie, den von ihnen innerhalb des Ganzen eingenommenen Plätzen gemäß mit 3 und 5. Die so für die in den verschiedenen Tiraden der Reihe nach vorkommenden Gedanken gesetzten Ziffern ergeben folgende Tabelle:

```
1  2  3  4   .  6  .  .
1 (2) .  4   .  6  7  .  .
   .  2  .   4  5  6  7  8
```

dieselbe beweist zweierlei:

1. Daß die Erzählung in jeder Strophe weiter fortschreitet,

2. daß in der Verteilung der Gedanken auf die drei Tiraden eine gewisse Ordnung zwar vorhanden, aber nicht streng durchgeführt ist. Tiraden CCIII — CCVII. Dasselbe Verfahren, auf diese 5 Tiraden angewendet, ergiebt folgende Tabelle:

```
1  2  3  .   .  6       7   .  .
1  2  3  .   .  6       .   8  .
   .  .  4   5  6       .   8  .
   .  .  4   5  6 + 6a  .   8  .
   .  .  3   .  6 + 6a  .   8  9
```

In der Bal.-Episode kommen nur die Tiraden CXCIII f., CXCV f. und CCXXVIII f. in Betracht.

Den wesentlichen Inhalt bilden in allen 3 Fällen Reden, welche auf je 2 Tiraden verteilt sind. Man erkennt auf den ersten Blick, daß eine Wiederholung hier nur statt nach vorliegt; denn die redenden Personen führen jedesmal in der zweiten Tirade den in der ersten begonnenen Gedanken weiter.

Aus allem Vorhergehenden erhellt, daß, zwei Fälle ausgenommen, in den „Parallelstrophen" die Erzählung weiter fortschreitet, eine sachliche Wiederholung also nicht stattfindet.

---

¹) CXLII heißt es „quant Rol. veit"; nach CXLI ist er schon unterrichtet.

Diese, eingehend und mit Erfolg zuerst von Tobler[1]) vertretene Ansicht scheint in neuester Zeit immer mehr Anklang zu finden; auch Dietrich bleibt bei ihr als dem Resultate der über diesen Punkt geführten Diskussion stehen.

Nun aber knüpft sich an dieses Resultat eine zweite Frage: Verdanken die „Parallelstrophen" ihre Existenz einer besondern Absicht des Dichters, oder beruhen sie auf wesentlichen Entstehungsbedingungen der altfranzösischen Epen?

Unsere Zusammenstellung spricht, was das Rolands-Lied betrifft, für die zweite Möglichkeit; die erste nämlich würde folgende schwer zu beantwortenden Gegenfragen provozieren: 1) Weshalb hat der Dichter nicht auch an anderen Stellen „Wiederholungen" eintreten lassen?[2]) 2) Weshalb hat er in zwei Fällen die Parallelstrophen anders behandelt als in den übrigen Fällen? 3) Weshalb hat er die Verteilung der Gedanken auf die verschiedenen Parallelstrophen nicht in systematischer Weise durchgeführt? Der Beantwortung dieser Fragen werden wir überhoben, wenn wir uns die zweite Auffassung aneignen. Sie berechtigt uns nicht nur, sie nötigt uns vielmehr, unseren Gesichtskreis über die Eigentümlichkeit der „Parallelstrophen" hinaus zu erweitern. Wenn in den alten Epen anderer Völker, z. B. in der Ilias und Odyssee der Bote sich genau derselben Worte bedient wie der Auftraggeber, inwiefern unterscheidet sich denn dieses Verfahren wesentlich von dem in unserm Gedicht (und in den altfranz. Epen überhaupt) bei den „Parallelstrophen" angewendeten?

Wollen nicht in beiden Fällen die Dichter dem Inhalte nach verschiedene, wenn auch irgendwie zusammenhängende Handlungen erzählen, während sie sich in der Form mehr oder weniger wiederholen? Ist es ein wesentlicher Unterschied, ob die so der Form nach angeglichenen Verse unmittelbar in zwei Strophen einander folgen oder durch andere getrennt sind, ob beispielsweise der Rat Gefreis, die Leichen der Erschlagenen zu sammeln, auf Befehl Karls gleich ausgeführt wird oder ob

die Ausführung erst später berichtet wird?[1]) Jene 3 Fragen würden unter dem allgemeineren Gesichtspunkt in die eine zusammenfließen: Welches sind die Gründe dafür, wenn die Angleichung der Form bald vollkommener, bald unvollkommener ist?

Bei dem von uns eingenommenen Standpunkte scheint uns schon in dieser Frage etwas sehr Bedenkliches zu liegen.[2]) Begnügen wir uns vielmehr mit der Thatsache, daß die auch sonst in den alten Epen vorhandene Tendenz formeller Angleichung im Rolands-Liebe in besonders starkem Maße hervortritt.

Sie erstreckt sich hier in der That noch weiter als auf die mit dem Namen „Parallelstrophen" bezeichneten, bisher behandelten Stellen.

5 Im bisherigen haben wir nämlich die formelle Angleichung solcher Handlungen und Ereignisse beobachtet, die irgend einen sachlichen Zusammenhang boten; dieselbe findet sich aber auch da, wo bloß sachliche Ähnlichkeit existiert. Wie auf Grund unserer Anschauung die „Parallelstrophen" vielmehr den Zusammenhang fördern als zerreißen, so sehen wir auch in den hier zu behandelnden Fällen Träger der Einheitlichkeit.

Bei solchen vereinzelten Beispielen,[3]) wie dem der Person Bal., welcher mit seinem weißen Barte, seinem Pferde, seinem Schwerte offenbar das Gegenbild Karls des Gr. ist, brauchen

---

[1]) Vergl. a. a. O. p. 164 ff.
[2]) Die Antwort: „Nur die Hauptpunkte werden so behandelt" ist nicht richtig, weil den Thatsachen nicht entsprechend.

[1]) Tiraden CCVIII und CCIX. Vergl. besonders P. 2949 mit 2954. Nicht ohne Interesse in dieser Beziehung ist auch eine Vergleichung der 3 Tiraden LXXVIII bis LXXX.
[2]) Wer wollte z. B die Frage beantworten, weshalb die Boten Bal. an Marf. nicht wörtlich dessen Auftrag wiederholen, weshalb der Dichter sie, nachdem sie zurückgekehrt sind, Einzelheiten über die Schlacht bei Renc. erzählen läßt, die sie weder von Bramim. noch von Marf. erfahren haben, weshalb wiederum ein Vers (2787) wörtliche Wiederholung ist? Derartige Fragen könnten bestenfalls eliminiert werden durch die Kritik.
[3]) Vergl. XLVII und XLVIII (XLIX ist davon sehr verschieden), LXIX—LXXVI; XCI–XCIII; XCIV—C; CXV—CXXII, CXXIII; CLXXVII und CLXXVIII CLX und CLXI; CLXXXIII und CLXXXIV; CXCI und CXC (die Klagen der Königin und der Bürger), CCXVI—CCXXII (das 3., 4., 5., 6. Armeekorps: 1) die Aufstellung in Schlachtordnung, 2) Volksstamm und Zahl, 3) die einzelnen charakteristischen Züge, 4) die Commandeure. Vergl. CCXXXV und CCXXXVI; CCXXXVII und CCXXXVIII, 1031—1033, 1452—1454 und 3306—3308; 2792 2794 und 3186-3188. Eine derartige Angleichung findet endlich jedesmal statt bei der Schilderung der königlichen und kaiserlichen Hoflager.

wir deshalb nicht zu verweilen, weil uns das Rolands-Lied ein Beispiel bietet, welches, als eine große Zahl einzelner Thatsachen umfassend, allein imstande ist, den Nachweis für das oben Behauptete zu führen. Es ist dies die große Zahl der Einzelkämpfe. Ein Vergleich derselben hat folgendes Resultat gegeben:

Zunächst sind zwei Arten von Einzelkämpfen zu unterscheiden: die zu Pferd mit der Lanze und die zu Fuß mit dem Schwert geführten. Beide haben eine stereotype Form erhalten, von der der Dichter nur ausnahmsweise abweicht; wo aber Abweichungen stattfinden, erkennt man auch meist die naheliegenden Motive. (Vergl. o. p. 4a) Zwei solcher Einzelkämpfe sind nun deshalb besonderer Beachtung wert, weil sie mit größerer Ausführlichkeit geschildert werden: Es sind dies die Kämpfe zwischen Charlem. und Bal. einerseits, zwischen Tierris und Pinabels andererseits. Der erste Blick zeigt die Ähnlichkeit in der Form der Erzählung: Jeder Kampf zerfällt in zwei deutlich gesonderte Teile: den Kampf zu Pferde und den zu Fuß; dieser wird jedesmal durch kurze Ansprachen der Kämpfenden unterbrochen; die Darstellungen des ersten Teiles verraten einen gewissen Familientypus; im zweiten Teile sind sogar gleiche Verse. [1]

So findet man denn überall in unserem Epos, wenn man analoge Ereignisse, Situationen, Handlungen und Personen vergleicht, die Tendenz der Angleichung. Außer den oben erwähnten, von dieser Tendenz nicht ergriffenen Stellen (den Botenberichten der Bal.-Ep.) giebt es im Rol.-Liede nur noch eine, wo, trotz sachlicher Verwandtschaft, dieselbe sich durch

---

[1] Natürlich bis auf die durch die Assonanz herbeigeführten Unterschiede. S. 3834 und 3575. Vergl. auch 3915 f. und 3602 f; 3926 und 3617.

---

nichts verrät: Auch sie gehört der Bal.-Ep. an, hat aber ihre Parallele nicht innerhalb dieser Episode selbst. Es ist die Stelle gemeint, wo der Sohn Bal. seinen Vater um die Ehre des „premier coup" bittet. Man kann dieselbe nicht lesen, ohne an den Neffen Marf. und sein entsprechendes Gesuch erinnert zu werden; allein ein genauerer Vergleich zeigt, daß die ganze Anordnung dieser letzten Erzählung durchaus verschieden ist und daß von Angleichung keine Rede sein kann.

Welches soll nun der Grund dieser, abgesehen von den erwähnten Ausnahmen, überall vorhandenen Erscheinung der formellen Angleichung sein?

Sollte es in der That „un certain embarras" sein, der veranlaßt ist durch den Mangel an Nüancen? Oder sollte dieser Grund nicht vielmehr in der Vortragsweise unserer und ähnlicher Epen zu suchen sein? Unsere Aufgabe erfordert nicht, daß wir diese Frage beantworten: jedenfalls muß ein Sänger anders erzählen als ein Dichter, und jedenfalls entspricht diese Eigentümlichkeit dem Geschmacke, von dem oben bei Gelegenheit der Symmetrie in der Satzbildung die Rede gewesen ist.

Für den modernen Geschmack ergiebt sich freilich eine gewisse Einförmigkeit. Dieser Mangel wird aber einigermaßen ausgeglichen durch die vorherrschende Form des Dialogs, eine Form, die sich übrigens in allen alten Epen wiederfindet. Von der Art des Dialogs der griechischen Epopee ist der des unserm Epos eigenen gründlich verschieden. Bei unseren Helden finden wir nichts von der Geschmeidigkeit der griechischen Reden, dafür haben dieselben aber wieder ihren besonderen Vorzug: sie sind gerade uns offen; von dieser Charaktereigentümlichkeit macht auch der Verräter Gan. keine Ausnahme; und angesichts dieser herzerquickenden Gesinnung verzeihen wir ihnen gern ihre Fanfaronnaden.

Schulnachrichten.

Durch Verfügung des Herrn Ministers der geistlichen, Unterrichts- und Medicinal-Angelegenheiten vom 31. März 1882 sind für die höheren Schulen jeder Gattung wichtige Reformen vorgeschrieben. Sie betreffen die innere wie die äußere Organisation, amtliche Benennung der Schule, Verteilung, Abgrenzung und methodische Behandlung des Lehrstoffes, Kursusdauer, Versetzungen, Entlassungsprüfungen und dergl.

Hiernach führt fortan die Realschule erster Ordnung die amtliche Benennung Real-Gymnasium, die Realschule zweiter Ordnung heißt Ober-Realschule, während mit dem Worte Realschule die bisherige lateinlose Realschule zweiter Ordnung von siebenjähriger Lehrdauer bezeichnet wird.

Von den übrigen abändernden Bestimmungen sind hier besonders folgende hervorzuheben.

1. Es soll die Einrichtung der Jahreskurse und der Jahresversetzungen überall zu strenger Durchführung und bie Teilung der drei unteren, auf Jahresdauer bestimmten Klassen in zwei aufsteigende Klassen von je halbjähriger Lehrdauer abgestellt werden.

2. Dem Lateinischen Unterrichte soll in den oberen Klassen ein größerer Umfang gegeben werden, so daß in den Prima- und Secundaklassen wöchentlich je 5 Stunden, in den Tertiaklassen je 6 Stunden dem Lateinischen zufallen.

3. Dem Unterricht im Singen ist ein größerer Umfang gegeben. Von dem Unterrichte im Singen wie von bem im Turnen kann nur sehr bedingter Weise Dispensation ertheilt werden.

4 Bei der Abiturientenprüfung sind mehrfache Aenderungen eingetreten (die schriftliche Arbeit in der Chemie fällt weg, dagegen wird eine schriftliche Arbeit im Lateinischen verlangt und im Französischen außer dem Aufsatz noch ein Exercitium).

Im verflossenen Schuljahre hat der neue Lehrplan noch nicht sofort überall zur Ausführung kommen können.

Lehrverfassung.

(S. bedeutet Sommersemester, W. Wintersemester.)

Unterserta. (Erstes Halbjahr des Jahreskursus von Serta.)

Religion. 3 St. Erlernung der Reihenfolge der biblischen Bücher. Bibl. Geschichten des A. T. nach Zahn (§. 1—25) von Erschaffung der Welt bis zur Geburt des Moses. Aus dem N. T. einige auf die christlichen Hauptfeste bezügliche Stellen und Erzählungen. — Katechismus: Erlernen der zehn Gebote und des Vaterunsers ohne Erklärung. — Lieder: Wach auf mein Herz (134), Lobt Gott, ihr Christen (25).

Deutsch. 4 St. Die Lehre von den Redeteilen und vom einfachen Satze. — Orthographische Übungen. Lektüre des Lesebuchs von Hopf und Paulsiek (Teil I. 1). Logische und grammatische Durchnahme einzelner Lesestücke. Übungen im Wiedererzählen, Formverändern. Memorierübungen. Wöchentlich ein Diktat, alle drei Wochen ein Aufsatz.

Lateinisch. 9 St. Die regelmäßige Formenlehre bis zur ersten Konjugation und die Komparation der Adjektiva. Ostermann's Übungsbuch, Abschnitt 1—11. Ostermann's Vokabularium I. bis zu den Deponentien der ersten Konjugation excl., täglich etwa 10—15 gelernt. Das Hülfsverbum esse nebst den Kompositen wird während der Einübung der fünf Deklinationen gelernt. Wöchentlich ein Extemporale, bisweilen abwechselnd mit einem Exercitium.

Geographie und Geschichte. 3 St. Geographische Grundbegriffe. Übersicht über die Verteilung des Landes auf der Erde. Voigt §. 1—9. — Griechische und deutsche Sagen: Herkules, Argonautenzug, Siegfried.

Rechnen. 5 St. Wiederholung der Rechnung mit unbenannten und benannten Zahlen. Der erste Teil der Bruchrechnung. (Addition und Subtraktion mit gleichnamigen Brüchen. Multiplikation und Division von Brüchen mit ganzen Zahlen. Wöchentlich eine schriftliche Arbeit. Übungen im Kopfrechnen.

Naturbeschreibung. 2 St. W. Vertreter einzelner Klassen des Tierreichs.

Zeichnen. 2 St. Gerade Linien und geradlinige Figuren.

Schreiben. 2 St. Einübung der deutschen und lateinischen Schrift nach Vorschrift an der Wandtafel.

Oberserta. (Zweites Halbjahr des Jahreskurfus von Serta.)

Religion. 3 St. Durchnahme der §§. 26—45 nach Zahns Historienbuch. Gelernt sind die Kirchenlieder: Befiehl du deine Wege (77), O Haupt voll Blut und Wunden (39); ferner die Reihenfolge der biblischen Bücher des alten und neuen Testaments und verschiedene Bibelstellen im Anschluß an die biblischen Geschichten. Wiederholung der zehn Gebote mit den Erklärungen.

Deutsch. 3 St. Die Redeteile mit ihren Veränderungen, wie Deklination, Konjugation und Komparation; der einfache Satz mit einigen Erweiterungen. — Orthographische Übungen; Besprechung von Gedichten und Prosastücken (aus Hopf und Paulsiet) und Wiedergabe ihres Inhaltes. Erlernung von Gedichten und Prosastücken. Wöchentlich ein Diktat. Kleine Aufsätze meist erzählenden Inhalts.

Lateinisch. 9 St. Wiederholung des Pensums von Unterserta. Grund= und Ordnungszahlen. Pronomina. Die regelmäßigen Konjugationen. Übungen aus Ostermann's Übungsbuch für Serta. Abt. 11—16. Kleine Erzählungen und Fabeln aus dem Anhange. — Gelernt wurden außerdem die Vokabeln aus dem lat. Vokabularium für Serta von Ostermann. — Wöchentlich Extemporalien resp. Exercitien.

Geographie und Geschichte. 3 St. Wiederholung des Pensums von Unterserta. Durchnahme von §. 9—15 im Voigt I. Kursus. — Allgemeine Übersicht über die Verteilung des Wassers auf der Erde. — Trojanischer Krieg, Irrfahrten des Odysseus. Gründung Roms.

Rechnen. 5 St. Das Pensum von Unterserta wurde wiederholt. — Addition und Subtraktion mit ungleichnamigen Brüchen; Heben der Brüche. — Die Multiplikation und Division von Brüchen mit Brüchen und gemischten Zahlen. Das Resolvieren und Reducieren von ein= und mehrfach benannten Brüchen. Zeitrechnung. (Koch III, 10—15.) Das Tafel= und Kopfrechnen wechselte mit einander ab.

Naturbeschreibung. W. 12 Tierfamilien besprochen. — S. 12 Pflanzen besprochen.

Zeichnen. 2 St. Gerade Linien und geradlinige Figuren.

Schreiben. 4 St. Wie Unterserta.

Unterquinta. (Erstes Halbjahr des Jahreskurfus von Quinta.)

Religion. 2 St. Bibel: Die biblischen Geschichten des A. T. nach Zahn §. 46—58. Aus dem A. T. Besprechung der die drei christlichen Hauptfeste betreffenden Abschnitte. Das Kirchenjahr, Erlernung von Bibelsprüchen. — Katechismus: Erlernung der Glaubensartikel ohne Erklärung. Wiederholung der Gebote. — Kirchenlieder: Eine feste Burg ist unser Gott (79). Wie groß ist des Allmächt'gen Güte (124).

—— 3 ——

Deutsch. 3 St. Der einfache Satz mit seinen Erweiterungen, Deklination der Substantiva, Adjektiva, Pronomina, starke und schwache Konjugation. Lesebuch von Hopf und Paulsiek für Quinta. Kleine Aufsätze meist erzählenden Inhalts. Orthographische Übungen. Auswendiglernen leichter Gedichte.

Lateinisch. 9 St. Repetition des Sextapensums. Die deponentia. Das Unregelmäßige der Deklinationen. Die Ausnahmen der Genusregeln, unregelmäßige Komparation, num. distrib. und multiplic., Pronomina, Adverbia, Präpositionen, Konjunktionen, Grammatik F. Schulz: Die betreffenden Abschnitte aus §. 1—154. Vokabularien von Ostermann für VI. und V. Wöchentlich wenigstens ein Extemporale; außerdem öfters ein Exercitium. Mündliche Übungen nach den Übersetzungsbüchern von Ostermann für VI. (Siebzehnter Abschnitt p. 88—98; Auswahl aus „Fabeln und Erzählungen B." p. 102—112) und V. (erster bis neunter Abschnitt p. 1—29).

Französisch. 4 St. Plötz, Elementargrammatik Lekt. 1—30. Wöchentlich Extemporalien resp. Exercitien.

Geographie und Geschichte. 2 St. Wiederholung des Pensums von Obersexta. Betrachtung der Erde nach ihrer Bodengestalt. Voigt §. 15—21. — Geschichtliche Charakterbilder: Cyrus. Krösus. Alexander. Hannibal. Karl der Große. Otto der Große. Friedrich Barbarossa.

Naturbeschreibung. 2 St. Erweiterung des Pensums von Serta.

Rechnen. 4 St. Wiederholung des Pensums der Serta. Einübung der Decimalbruchrechnung. Leichtere Aufgaben aus der Preisrechnung. Wöchentlich eine Arbeit zur Korrektur.

Schreiben. 2 St. Übungen in der deutschen und in der lateinischen Schrift.

Zeichnen. 2 St. Gerablinige Figuren nach Vorlagen.

Oberquinta. (Zweites Halbjahr des Jahreskursus von Quinta.)

Religion. 2 St. Repetition des Unterquintapensums. Die biblische Geschichte A. T. nach Zahn von §. 58—81. — Erlernung von Bibelsprüchen. — Katechismus: Wiederholung des I. und II Hauptstückes. — Kirchenlieder: Auf Gott und nicht auf meinen Rat (72). Mir nach, spricht Christus unser Held (104).

Deutsch. 3 St. Beigeordnete und zusammengezogene Sätze. Rektionslehre. Interpunktion. — Erklärung deutscher Gedichte und Prosastücke aus dem Lesebuche von Hopf und Paulsiek für Quinta Auswendiglernen leichter Poesie und Prosa. Orthographische Übungen. Dreiwöchentlich ein Aufsatz.

Lateinisch. 9 St. Repetition des Unterquintapensums namentlich der Verba mit unregelmäßigem Perfekt und Supinum. Verba anomala und defectiva. Die wichtigsten Regeln der Syntax nach Ostermann's Übungsbuch für Quinta Seite 57—103. Wöchentlich ein Extemporale oder Exercitium.

Französisch. 4 St. Repetition des Unterquintapensums. Plötz I. Lektion 31—60. Wöchentliche Exercitien resp. Extemporalien.

Geographie und Geschichte. 2 St. Wiederholung des Pensums von Unterquinta. Betrachtung der Erde nach ihrer Bodengestalt. Voigt II. Kursus §. 22—25. — Geschichtliche Charakterbilder: Luther, der große Kurfürst. Friedrich der Große, Napoleon I., Wilhelm I.

Naturbeschreibung. 2 St. Erweiterung des Pensums von Serta.

Rechnen. 4 St. Decimalbrüche mit benannten Zahlen. Resolvieren und Reducieren. Leichtere Aufgaben nach der Regeldetri. Übungen im Kopfrechnen. Wöchentlich eine Korrekturarbeit.

Schreiben. 2 St. Übung nach Vorschrift an der Wandtafel.

Zeichnen. 2 St. Gerablinige und krummlinige Flächenmuster.

Unterquarta. (Erstes Halbjahr des Jahreskursus von Quarta.)

Religion. 2 St. Leben und Lehre Jesu nach Zahn's biblischer Geschichte. Erlernung von Sprüchen aus Jesu Reden, sowie des Kirchenliedes: In allen meinen Thaten 2c. Wiederholt wurden einzelne des gelernten Kirchenlieder, das 1. und 2. Hauptstück und die Reihenfolge der biblischen Bücher.

R.   1*

Deutsch. 3 St. Die Lehre vom einfachen und erweiterten Satz wiederholt, die wichtigsten Arten der Nebensätze (Substantiv=, Abjektiv= und Abverbialsätze) erklärt und geübt. Gedichte und Profastücke aus dem Lesebuche von Hopf und Paulsiek (I., 3) erklärt und zum Teil auswendig gelernt. Wöchentlich ein Diktat, alle drei Wochen ein Auffaß (Erzählungen, Beschreibungen 2c.).

Lateinisch. 7 St. Wiederholung des Penfums von Quinta. Lehre vom Nom., Acc. und Dativ nach Ferd. Schulz' Gramm. §. 192—209 und Einübung berfelben durch Überfeßungen aus Oftermann, Übungsbuch für Quarta, Abjch. IV—VIII. — Gelesen wurde aus Cornelius Nepos: Arifiibes, Lyfander, Miltiabes, und Cimon. Paffenbe Abschnitte aus bemselben und Übungsfäße wurden memoriert. — Wöchentlich ein Exercitium oder Extemporale.

Französisch. 5 St. Plöh' französifche Elementargrammatif Lelt. 61—90. Extemporalien und Exercitien wie im Lateinischen. Auswendiglernen von kleineren Erzählungen.

Geschichte. 2 St. Geschichte Griechenlands. Nach Maenß § 1 — §. 25 incl.

Geographie. 2 St. Geographie von Afien und Auftralien. Voigt I. 6. 9.; II. 19—21; III. §. 37, 38, 45—52; mit Auswahl auch IV. §. 116 - 121.

Naturbeschreibung. 2 St. Die wichtigsten Formen des Pflanzen= und Tierreichs.

Mathematif. 3 St. Die Elemente der Planimetrie bis zu den Kongruenzfäßen einschließlich. Schumann, Planimetrie §. 1—57 (61 der alten Ausgabe).

Rechnen. 3 St. Repetition der früheren Penfa, der einfache Kettenfaß, Proportionsrechnung. Übungen im Kopfrechnen. Wöchentlich eine schriftliche Arbeit.

Schreiben. 1 St. Facultativ. Die deutsche und lateinische Schrift ist geübt.

Zeichnen. 2 St. Gerablinige und krummlinige Flächenmufter, auch Flachornamente. Anfänge im Schattieren. Leichte Farbenangabe.

Oberquarta. (Zweites Halbjahr des Jahreskurfus von Quarta.)

Religion. 2 St. Erlernen des britten Hauptftücks. Erklärung des erften Hauptftücks. Erlernen der Kirchenlieder: Nun banket alle Gott, Aus tiefer Not, sowie einer Anzahl Bibelftellen im Anschluß an die Gebote. Wiederholung des zweiten Hauptftücks, sowie der in Quinta und Sexta gelernten Kirchenlieder.

Deutsch. 3 St. Der Substantiv=, Abjektiv= und Abverbialsaß. Erklärung deutscher Gedichte und Profastücke aus dem Lesebuche von Hopf und Paulsiek. Auswendiglernen geeigneter Gedichte. Alle drei Wochen ein Auffaß.

Lateinisch. 7 St. Repetition des Penfums von Unterquarta und ber unregelmäßigen Verba. Die Lehre vom Genitiv und Ablativ nach der Gramm. von Ferd. Schulz §§. 210—235. Mündliche und schriftliche Überseßungsübungen nach Oftermann's Übungsbuch für Quarta S. 39—65; außerdem mit Auswahl S. 88—119. Exercitien und Extemporalien. Im Cornelius Nepos wurde gelesen: Agefilaus, Epaminondas, Pelopidas, Hannibal.

Französisch. 5 St. Das regelmäßige Verbum, das Wesentlichste aus ber unregelmäßigen Formenlehre und die wichtigsten grammatischen Regeln nach Plöß franz. Elemementar= Grammatif, Lektion 87—112. Lektüre ebendafelbft. Extemporalien und Exercitien, Auswendiglernen von kleineren Gedichten und Erzählungen.

Geschichte. 2 St. Geschichte der Römer nach Maenß §§. 1—33 incl. (Wiederholung der griechischen Geschichte §. 1—25).

Geographie. 2 St. Geographie von Afrika und Amerifa. Voigt II. Kurf. 20. 22, III Kurf. 39—44, 53—60, II. Kurf. 111—115.

Naturbeschreibung. 2 St. Im S. Botanik. Besprechung einer Reihe von Pflanzen, besonders von Kulturgewächsen. — Im W. Zoologie, Säugetiere und Vögel.

Mathematif. Fundamentalaufgaben. Gleichflächigkeit der Figuren. Schumann §. 63—65, 67—68, 78—79, 116—120, 124—128.

Rechnen. Repetition früherer Penfen. Einfache Regelbetri mit indirekten Verhältniffen.

Schreiben. 1. St. Facultativ.

Zeichnen. 2 St. Krummlinige Flächenmuster und Flachornamente. Fortsetzung im Schattieren und leichter Farbenangabe.

Untertertia A. und B. (Jahreskursus.)

Religion. 2. St. S Erklärung des britten Hauptstückes des luth. Katechismus nebst mehreren ausgewählten Psalmen. Erlernung des vierten und fünften Hauptstückes, Wiederholung des ersten und zweiten Hauptstückes und mehrerer Kirchenlieder. W. das Evangelium Matthäi mit besonderer Berücksichtigung der Bergpredigt und der Gleichnisse. Wiederholung der Kirchenlieder.

Deutsch. 3. St. Das Hauptsächlichste aus der Metrik bei Durchnahme von Gedichten. Lesen auserwählter Prosastücke, möglichst im Anschluß an das gleichzeitige Geschichtspensum. Hopf und Paulsiek Teil II, I. Erklärung von Gedichten, Übungen im Deklamieren. Aufsätze. Dispositionsübungen.

Lateinisch 6 St. Einübung der Lehre vom Insin, Partic., Gerund., Sup. nach Schulz §. 266—291 mit Hülfe der Beispielsammlung von Ostermann für Tertia Kap. 16—21. Extemporalien und Exercitien. Memorieren von Mustersätzen und kleineren Abschnitten aus der Lektüre: Caesars Bell. Gall. 1—30 II. und III.

Französisch. 4 St. Die unregelmäßigen Verba nach Plötz Kursus II. Lektion I—XXIII. Exercitien und Extemporalien. Memorieren von Mustersätzen und kleineren Abschnitten aus der Lektüre: Rollin, Hommes illustres de l'antiquité V—IX.

Englisch. 4 St. Elementargrammatik nach Gesenius' Lehrbuch der englischen Sprache, 1. Teil. Die englischen Erzählungen zu Kap. I—XV. wurden auswendig gelernt, die bazu gehörigen Regeln burchgenommen und die beutschen Übungsstücke übersetzt. Auch die wichtigsten Regeln von Kap. XVI—XXIV. wurden burchgenommen. Einige Gedichte wurden auswendig gelernt. Exercitien oder Extemporalien wöchentlich.

Geschichte. 2 St. Deutsche Geschichte des Mittelalters. Leitfaden von Maenß 2. Heft §. 1—43.

Geographie. 2 St. Die außerbeutschen Länder Europas. Physische und politische Geographie. Voigt §. 61—62, 77—87, 89—101

Naturbeschreibung. 2 St. S. Botanik. Das Linnésche System. — W. Zoologie: Reptilien und Fische.

Mathematik. 4. St. Wiederholung des Quarta-Pensums. Parallelogramm Gleichflächigkeit ber Figuren. Kreislehre. Schumann §. 81—140. W. Grundoperationen der Algebra, Übungen in der Reduktion von Formeln. I. Schumann §. 1—56. Heis, Aufgabensammlung §. 1—25

Rechnen. 1 St. Verhältnißbestimmungen, Zins-, Gesellschafts-, Termin- und Mischungsrechnung.

Zeichnen. 2 St. Ornamente und Arabesken mit Schattierung. Menschliche Körperteile nach Vorlagen. Übungen nach Holzstabmodellen mit Kreibeschattierung. Anleitung zum Gebrauch der Reißschiene und des Winkels. Leichte Konstructions-Übungen mit Farbenangabe.

Schreiben. 1 St. Facultativ.

Untertertia C.
(Der Untertertia C gehören nur solche Schüler an, die aus Quarta zu Michaelis 1882 nach Untertertia versetzt sind.)

Religion. 2 St. W. Das Evangelium Matthäi mit besonderer Berücksichtigung der Berg- predigt und der Gleichnisse. Wiederholung von Kirchenliedern.

Deutsch. 3 St. Das Hauptsächlichste aus der Metrik bei Durchnahme von Gedichten. Lesen ausgewählter Prosastücke, möglichst im Anschluß an das gleichzeitige Geschichtspensum. Hopf und Paulsiek Teil II, 1. Erklärung von Gedichten, Übungen im Deklamieren. Aufsätze. Dispositionsübungen.

Lateinisch. 6 St. W. Lehre vom Infinit., Accus. c. Inf. und Nomin. c. Inf., ut finale und consecutivum, und von der Oratio obliqua nach Schultz, Grammat. §. 266—275, §. 277. Dazu Übungsbeispiele aus Ostermann für Tertia Cap. XVI—XVIII. Wiederholung der Kasuslehre. Wöchentlich ein Exercitium oder Extemporale. Lektüre: Caesar: De Bello Gallico, Lib. I, 1—41.

Französisch. 4 St. W. Repetition des Pensums von Quarta. Die unregelmäßigen Verba nach Plötz Kursus II. Section I—XIII. Exercitien und Extemporalien. Memorieren von Mustersätzen und kleineren Abschnitten aus der Lektüre: Rollin, Hommes Jllustres, I. V. VIII. **Englisch.** 4 St. W Elementargrammatik nach Geseniu' Lehrbuch der englischen Sprache, Teil I. Cap. I. bis VII. Die englischen Erzählungen I—VII. 1. und 2. Reihe wurden auswendig gelernt, die dazu gehörigen Regeln durchgenommen, die englischen und deutschen Sätze übersetzt. Exercitien, Diktate und Extemporalien.
Geschichte. 2 St. W. Deutsche Geschichte des Mittelalters bis Heinrich III. nach Maenß II, §§. 1—19.
Geographie. 2 St. W. Die Pyrenäische, Apenninische und Balcanhalbinsel in physikalischer und politischer Beziehung nach Voigt, 30 Aufl. §§. 72—81.
Naturbeschreibung. 2 St. W. Zoologie: Säugetiere und Vögel; Amphibien und Fische **Mathematik.** 4 St. W. Grundoperationen der Algebra, Übungen in der Reduktion von Formeln. Schumann §§. 1—56. Heis, Aufgabensammlung §§. 1—25.
Rechnen. 1 St. W Verhältnis-Bestimmungen, Zinsrechnung, Gesellschaftsrechnung.
Zeichnen. 2 St. Ornamente und Arabesken mit Schattierung. Menschliche Körperteile nach Vorlagen. Übungen nach Holzstabmodellen mit Kreibeschattierung. Anleitung zum Gebrauch der Reißschiene und des Winkels. Leichte Konstruktionsübungen mit Farbenangabe.

Obertertia.

Religion. 2 St. S. Erklärung des zweiten Hauptstückes Leben der Reformatoren. — W. Apostelgeschichte. Wiederholung von Kirchenliedern und einzelner Abschnitte des Katechismus.
Deutsch. 3 St. Erklärung schwieriger Balladen und Romanzen von Schiller, Göthe, Uhland, Bürger. Memorieren und Deklamieren derselben. Lesen auserwählter Prosastücke aus Hopf und Paulsiet (Teil II. 1.) Dispositionsübungen. Aufsätze: Umwandlungen resp. Bearbeitung größerer Gedichte, leichtere Abhandlungen, Briefe, Übersetzungen.
Lateinisch. 6 St. Durchnahme und Einübung der Tempus- und Moduslehre nach Schulz §. 239—291. Repetition der Kasus- und Formenlehre. Extemporalien und Exercitien. Ostermann IV., Abschnitt 8—15. Caesar de bello Gallico: Buch VII. und VIII Auswendiglernen von Mustersätzen. Übungen im Revertieren.
Französisch. 4 St. Wiederholung des Pensums von Untertertia. S. Intransitive, reflexive und unpersönliche Verba. Substantiv. Adjektiv, Adverb und Zahlwort. Plötz II. Teil. 24—36. W. Pronomen, Lekt. 70—75. Extemporalien und Exercitien Charles XII.Livre III—VI.
Englisch. 4 St Elementargrammatik nach Gesenius' Lehrbuch der englischen Sprache, I. Teil. Die englischen Lesestücke Kap. XV—XXII. wurden gelernt; die dazu gehörigen Übungen mündlich, teilweise auch schriftlich, übersetzt. Extemporalien und Exercitien. Lektüre: Tales of a Grandfather, VII bis X.
Geschichte. 2 St. W. Deutsche Geschichte der neueren Zeit nach Maenß II, §§. 44—83.
Geographie. 2 St. Specielle Geographie von Deutschland nebst Gesamt-Desterreich nach Voigt.
Naturbeschreibung. 1. St. Sommer: Botanik: Die wichtigsten natürlichen Familien der einheimischen Flora. Winter: Zoologie: Durchnahme der Reptilien, Fische und Jnsecten.
Mathematik. 5. St. Geometrie: Verhältnisse und Proportionen. Ähnlichkeitslehre (Schumann Geometrie §. 135—166). — Arithmetik: Die Grundrechnungsarten an Aggregaten, Ausziehen der Quadrat- und Kubikwurzel aus Zahlen- und Buchstabenausdrücken. Einfache Gleichungen ersten Grades. Schriftliche häusliche Übungen. Schumann Arithmetik. §. 48—51.

Rechnen. 1. St. Repetition des gesamten Stoffes und Übungen im Kopfrechnen. Die Zinseszinsrechnung und Mischungsrechnung.

Zeichnen. 2 St. Reiche Ornamente und Arabesken mit ausgeführter Kreidebeschattierung. Übungen nach Holzkörpern. Köpfe nach Vorlagen. Fortsetzung der Konstruktions-Übungen mit Farbenangabe.

Unterfecunda.

Religion. 2 St. Geschichte des alten Bundes nach der heiligen Schrift. Wiederholung der gelernten Kirchenlieder und der ersten drei Hauptstücke.

Deutsch. 3 St. Klassenlektüre: Im Sommer: Göthes Hermann und Dorothea und Uhlands Ernst, Herzog von Schwaben. Im Winter: Schillers Jungfrau von Orleans, Maria Stuart und Abhandlung über die Gesetzgebung des Lykurg und des Solon. Privatlektüre: Voß, Homers Odyssee, im S. I XII, im W. XIII XXIV. Dispositionsübungen. Alle vier Wochen einen Aufsatz.

Lateinisch. 4 St. Weitere Ausführung der Kasuslehre nach Schulz's Grammatik §. 192 bis 235. Repetitionen früherer Pensen. Exercitien und Extemporalien. Ostermann Teil IV, Abschnitt 1—7. Lektüre: Caesar Bell. Civ. Buch III. Elemente der Profodie und Metrik. Einige Hexameter erlernt.

Französisch. 4 St. Grammatik. S. Die Tempus-, Modus- und Rektionslehre. Particip. — W. Artikel. Adverb. Adjektiv. Komparation Nach Plötz II. Grammat. 46—69 77. 78. Repetitionen. Wöchentlich Extemporalien oder Exercitien. Lektüre: Frédéric le Grand Histoire de la Guerre de sept Ans. Ausgewählte Gedichte aus der Anthologie von Holzapfel. Im mündlichen Gebrauch der Sprache wird ein Anfang gemacht.

Englisch. 3 St. Aus Gesenius' englischer Grammatik Teil II. (§. 1—139) die Abschnitte über das Hauptwort, Adjektiv, Fürwort, die Rektionslehre, Wortstellung und Adverb. Die dazu gehörigen Übungsstücke, teils mündlich, teils schriftlich übersetzt. Lektüre: Daniel de Foe, Robinson Crusoe (Ausgabe Löwe). Extemporalien und Exercitien.

Geschichte. 2 St. S. Orientalische und griechische, W. römische Geschichte (Dielitz 1—38) — Wiederholung der branbenburgisch-preußischen Geschichte bis zum Tode Friedrichs des Großen.

Geographie. 1. St Die physische und politische Geographie der außereuropäischen Erdteile.

Physik. 3 St. S. Einleitung in die Physik. Ausgewählte Abschnitte aus der Mechanik fester Körper. W. Calorik.

Naturbeschreibung. 3 St. S. Botanik: Wichtige Erscheinungen aus dem Leben der Pflanze; aus der Mineralogie einzelne Salze und Steine. — W. Mineralogie: Brennbare Mineralien und Erze nebst den wichtigsten Krystallformen. Einige Stunden hindurch Bau des menschlichen Körpers.

Mathematik. 5 St. S. Repetition und Erweiterung der Ähnlichkeitslehre. Abschluß der Planimetrie. Anwendung der Algebra auf die Geometrie. Gleichungen 1. und 2. Grades. — W Die Lehre von den Potenzen und Wurzeln. Gleichungen 1. und 2. Grades. Repetition der Planimetrie.

Rechnen. 1 St. Für diejenigen Schüler, welche die in den früheren Klassen gewonnene Fertigkeit im praktischen Rechnen erweitern resp. befestigen wollen, ist eine besondere Stunde eingerichtet, in welcher Übungen in den Pensen der vorhergehenden Klassen angestellt werden.

Zeichnen. 2 St Reiche Ornamente und Arabesken. Schattierung mit 2 Kreiben auf Tonpapier. Stubien und antike Köpfe nach Vorlagen. Übungen nach Holzkörpern und leichten Gipsmodellen. Fortsetzung der Konstruktions-Übungen mit Farbenangabe.

Oberfecunda.

Religion. 2 St. Leben Jesu nach den synopt. Evangelien; Übersicht über das Zeitalter der Apostel.

Deutsch. 3 St. Klassenlektüre: Schillers „Braut von Messina" und „Don Carlos". Privat=
lektüre: Gudrunlied, Nibelungenlied, erste Hälfte, Besprechung der Chrie und der Abhand=
lung. Dispositionsübungen. Aufsätze.
Lateinisch. 4 St. Repetition besonders der Syntax. Extemporalien. Prosodie. Lektüre:
Ovid, ausgewählte Stücke (Ausg. v. Siebelis). Sallust, Bellum Iugurth. Cic. Catilin. I. u. III.
Französisch. 4 St. Repetition und Einübung namentlich der Rektions=, Tempus= und Modus=
lehre nach Plötz. Mündliche Übersetzungen nach Plötz. Übungen zur Syntax. Exercitien
und Extemporalien. Nach gegebenen Mustern werden kleinere freie Arbeiten angefertigt.
In allen Übungen, wie auch in der Lektüre wird zur Anlegung von Kollektaneen Anleitung
gegeben. Der mündliche Gebrauch der Sprache wird im Anschluß an die Lektüre geübt.
Lektüre: Montesquieu: Considérations sur les Causes de la Grandeur etc. S. Horace
p. Corneille. W Athalie p. Racine.
Privatim: S. Töpffer: Nouvelles Genévoises. W. X. de Maistre: La Jeune Sibérienne.
Englisch. 3 St. Grammatik. Gesenius II., §§ 167 ff — Wiederholung der vorangegangenen
Lehrstücke. Einprägung eines Vocabel= und Phrasenschatzes. Extempor. und Exercitien.
Lektüre: Selections from the Writings of Lord Macaulay. (Tauchn. vol. 1632.)
(The Battle of Sedgemoor. The Landing of the Prince of Orange. The Battles
of the Boyne, la Hogue and Landen. a. 1685—1693).
Geschichte. 2 St. Geschichte des Mittelalters. Wiederholung der alten Geschichte.
Geographie. 1 Stunde. Die Länder Europas. Wiederholung der übrigen Erdteile.
Physik. 3 St. S. Magnetismus, Reibungselektricität. W. Galvanismus.
Chemie. 3 St. Einleitung; Kenntnisse der stöchiometrischen Gesetze und Anwendung derselben.
Eigenschaften der wichtigsten Grundstoffe.
Mathematik. 5 St. S. Logarithmen. Ebene Trigonometrie. W. Stereometrie. In jedem
Semester Repetition des Pensums des vorhergehenden Semesters. Aufgaben.
Rechnen. Wie in Untersecunda.
Zeichnen. 2 St. Studienköpfe, antike Köpfe und reiche Ornamente nach Gips und nach Vor=
lagen. Projektionen, Grund und Aufrisse der antiken Säulenordnungen, von Gebäuden
und Maschinen mit Farbenangabe.

Prima.

Religion. 2 St. U. I. Kirchengeschichte. Lektüre von Abschnitten des Johannesevange=
liums. — D. I. Glaubenslehre; Lektüre des 1. Korintherbriefes; Repetitionen.
Deutsch. 3 St. U. I. Klassenlektüre: Emilia Galotti. Abschnitte aus Lessings Laokoon.
Privatlektüre: Nibelungenlied, zweite Hälfte; Ilias, zweite Hälfte; Goethes Egmont.
Literaturgeschichte bis auf Lessing. — Aufsatzthemata: Die Wurzel der Bildung ist
bitter, süß ihre Frucht. — Reden ist Silber, Schweigen ist Gold. — Vergleich zwischen
Hagen und Alba. — Wie kam es, daß den Deutschen die Reformation gelang? — Der
Mensch bedarf des Menschen. — Worauf beruht die Liebe der Niederländer und der Haß
der Spanier gegen Egmont? — Inhalt der Rapp. I.—VI. von Lessings Laokoon. —
Außerdem noch eine Klausur. — D. I. Klassenlektüre: eine Anzahl lyrischer
Gedichte Goethes; Schillers Ged. „Die Künstler"; Abschnitte aus Lessings Hamb. Drama=
turgie. -- Literaturgeschichte von Lessing ab. — Aufsatzthemata: Die Perserkriege ver=
glichen mit den Freiheitskriegen und dem Kriege von 1870. — Der Mensch hat ein Recht
zum Stolze und die Pflicht der Demut. — Durch welche Eigenschaften wird Egmont der
Liebling der Niederländer und durch welche ungeeignet zu ihrem Führer? — Was du ererbt
von deinen Vätern hast, erwirb es, um es zu besitzen! — Welchen Einfluß hat die Kunst
auf die Entwicklung des Menschen ausgeübt? (Nach Schiller: Die Künstler). — Wie kam
es, daß das Vaterland bei den Deutschen des vorigen Jahrhunderts wieder Wert und Be=
deutung erhielt? — Wie bestimmt Lessing das Verhältnis des dramatischen Dichters zur

Geschichte. — Themata für die Abiturienten: Michaelis: Ein Ding der Zukunft ist der Mensch, und streben muß er unaufhörlich. Ostern: Inwiefern kann man das neunzehnte Jahrhundert ein eisernes nennen? **Lateinisch.** 3 St. Wiederholungen aus allen Gebieten der Grammatik. — Lektüre: Größere Abschnitte aus dem 21. und 22. Buche des Livius. Übungen im Zurücküberseßen. — Ausgewählte Abschnitte aus Virgils Aeneide. — Außerdem in U. I. Wiederholungen aus Ovid, in O. I. in einer fakultativen Stunde ausgewählte Oden des Horaz. **Französisch.** 4 St. Repetition der ganzen Syntax, mit Erweiterung der früheren Pensen. Bei den Extemporalien wird besonders auf Synonymik wie auf Erweiterung des Phrasenschaßes Bedacht genommen. In allen Unterrichtsstunden wird der mündliche Gebrauch der Sprache geübt, teils im Anschluß an den Unterrichtsstoff, teils in Improvisationen Klassenlektüre: Sommer: Boileau, art poét. und Iphigénie p. Racine. Winter: Phèdre p. Racine und Cinna p. Corneille. Privatlektüre: Sommer: Washington p. Guizot. Winter: Tableaux historiques du moyen-âge. — Themata der französischen Aufsäße: U. I. 1. La première croisade. 2 Le château de Wartbourg. 3. Le dragon de Rhodes. 4. Conradin, le dernier des Hohenstaufen. 5. Le grand électeur a jeté les fondements de la puissance de la Prusse. 6. Henri IV, roi de France. 7. L'anneau de Polycrate. 8. Klausuraufsaß. — O. I. 1. Les causes et les suites de la mort de César. 2. Richelieu a préparé le règne de Louis XIV. 3. Sur les événements qui marquent la transition du moyen-âge au temps moderne. 4. Eine Überseßung. 5. Cromwell et Napoléon mis en parallèle. 6. Qu'est-ce qui a valu le surnom de Grand à Othon I, empereur d'Allemagne. 7. La guerre civile entre César et Pompée. 8. La tâche que s'est proposée Henri I d'Allemagne et la manière dont il l'a remplie. La période suédoise de la guerre de trente ans. **Englisch.** 3 St. Lektüre: Ch. Dickens A Christmas Carol. Shakespeare Richard II. Einzelne Abschnitte aus Macaulay Hist. of Engl. I. (privat.) Grammatische Wiederholungen. Erweiterung des Wortschaßes; synon. Gruppen. Sprechübungen. Extemporalien. **Geschichte** und **Geographie.** 3 St. U. I. Neuere Geschichte bis 1648 und Übersicht über die engl. und franz. Geschichte; eingehende Repetition der physischen Geographie von Deutschland und Durchnahme einiger Kapp. der allgemeinen Erdkunde. — O. I. Neuere Geschichte von 1648—1815 Geschichtliche und geographische Repetitionen. **Mathematik.** 5 St. S. Gleichungen 3. Grades, symmetrische Gleichungen. Repetition und Erweiterung der Trigonometrie. W. Analytische Geometrie. **Physik.** 3 St. S. Akustik. W. Optik 2 St. Besprechung von Aufgaben und Repetitionen 1 St. **Chemie.** 3 St. S. Die wichtigen Verbindungen der Metalloide und der den Edelmetallen und Kupfer-Gruppe angehörenden Schwermetalle. **Zeichnen.** 2 St. Studienköpfe und antike Köpfe, reiche Ornamente nach Vorlagen und nach Gipsmodellen. Architektonisches Zeichnen mit Farbenangabe. 1 St. Perspektivische Konstruktionen.

Gesangunterricht.

Serta: Vorbereitende Übungen und Treffübungen im Anschluß an den Dreiklang, einstimmige Lieder und Choräle. Quinta: Die Durtonleiter, zweistimmige Lieder und Choräle. Quarta: Dreistimmige Lieder und Choräle (Glasbergers Gesangschule für alle drei Stufen). — Tertia bis Prima I Klasse Der Gesangchor besteht aus den gesangsfähigen Schülern der Oberklassen und den musikalisch besonders veranlagten Schülern der Unterklassen. Gesungen wurden vierstimmige Lieder für gemischten und für Männerchor, Choräle im mehrstimmigen Saß. — Folgende Choräle wurden eingeübt: In Serta: 1. Ach bleib mit deiner Gnade. 2. Gott des Himmels und der Erden. 3. Liebster Jesu! wir sind hier. 4. In allen meinen Thaten. 5. Wach auf, mein Herz und singe. 6. Vom Himmel hoch, da komm ich her. — In Quinta: 7. Es ist gewißlich an der Zeit. 8. Allein Gott in der Höh sei Ehr'. 9. Wie groß ist des

R. 2

Allmächt'gen Güte. 10. Was Gott thut, das ist wohlgethan. 11. Lobt Gott, ihr Christen allzugleich. 12. Lobe den Herren, den mächtigen König. — In Quarta: 13. Nun banket alle Gott. 14. Befiehl du deine Wege. 15. Ein' feste Burg ist unser Gott. 16. Jesus meine Zuversicht. 17. Dir, dir Jehovah will ich singen. 18. Wer nur den lieben Gott läßt walten. 19. Freu dich sehr, o meine Seele.

Turnunterricht.

Der Turnunterricht fand im verflossenen Sommer Sonnabends in den Nachmittags= resp. Abendstunden auf dem Turnplatze, im Winter in der neuen Turnhalle statt. Den Unter= richt leiteten in der unteren Abteilung (U. IV. bis U. IV.) von 3—5 Uhr, in der oberen Abteilung (O. VI. bis I.) von 5—7 Uhr, die Turnlehrer: Roßmann, Knöpfel, Schmidt, Gerloff und Brandt.

Auszug aus der Schulordnung.

1. Aufnahme.

Der Eintritt in die Sexta erfolgt in der Regel nicht vor dem vollendeten neunten Lebensjahre. — Die zur Aufnahme in die Sexta erforderlichen elementaren Kenntnisse und Fertigkeiten sind: Geläufigkeit im Lesen deutscher und lateinischer Druckschrift; eine leserliche und reinliche Handschrift; Fertigkeit Diktiertes ohne grobe orthographische Fehler nach= zuschreiben; Sicherheit in den vier Grundrechnungsarten mit gleichbenannten Zahlen. In der Religion wird einige Bekanntschaft mit der Geschichte des alten und des neuen Testaments, sowie (bei evangelischen Schülern) mit Bibelsprüchen und Liederversen erfordert.

2. Schulgeld.

1. Bei der Aufnahme sind zu entrichten: a) als Einschreibegeld 50 Pf.; — b) als Antrittsgeld von Einheimischen 6 Mark, — von Auswärtigen 8 Mark. Bei Schülern, welche schon eine hiesige städtische Schule besucht haben, wird das von ihnen früher gezahlte Antrittsgeld von den gedachten 6 resp. 8 Mark in Abzug gebracht. Da Einschreibegeld sowohl als Antrittsgeld ungeschmälert in öffentliche Kassen fließen, so wird das erste gar nicht erlassen, das Antrittsgeld aber nur den unbedingten Freischülern, nicht den bedingten, d. h. also denjenigen nicht, die nur so lange Freischule genießen, als zwei Brüder von ihnen unsere Anstalt besuchen. 2. Das eigentliche Schulgeld beträgt: a) für die einheimischen Schüler jährlich 80 Mark; — b) für die auswärtigen Schüler jährlich 120 Mark. 3. Zu Michaelis werden an Holzgeld 3 Mark und für den Kastellan 50 Pf. erhoben, auch von den Freischülern. 4. Für die Schülerbibliothek haben von Quarta an aufwärts alle Schüler (mit Ausnahme der Freischüler) halbjährlich 75 Pf. zu zahlen, in Quinta und Sexta nur diejenigen Schüler, welche an der Benutzung der Bibliothek freiwillig sich beteiligen.

3. Abgang.

Der Abgang von der Schule muß vor dem Schlusse des Vierteljahres von Seiten der Eltern oder ihrer Stellvertreter bei dem Direktor angezeigt werden. Die Unterlassung der rechtzeitigen Abmeldung verpflichtet zur Bezahlung des Schulgeldes für das nächste Vierteljahr.

11

4. Abgangszeugnisse.

Für Abgangszeugnisse, sofern sie unmittelbar beim Abgange des Schülers ausgefertigt werden, müssen 2 Mark 50 Pf. an Gebühren bezahlt werden.

Für später ausgefertigte Abgangszeugnisse, für Duplikate früher ausgestellter Zeugnisse, sowie für Abiturientenzeugnisse belaufen sich die Gebühren auf 3 Mark.

Verordnungen der Behörden.

1. Das Königl. Provinzial-Schul-Collegium teilt unter dem 27. Juni 1882 folgende Circular-Verfügung des Herrn Ministers der öffentlichen Arbeiten vom 23. Februar 1882 mit. — „Bei den in den Tagen vom 14. bis 16. September v. J. in Wien stattgehabten Verhandlungen des Deutschen Vereins für öffentliche Gesundheitspflege in Gemeinschaft mit dem „Verein für Gesundheitstechnik" sind u. A. auch die Vorzüge und Nachteile der Luftheizungen Gegenstand näherer Erörterungen gewesen. Es ist hierbei konstatirt worden, daß das Reinhalten der Luftzuführungskanäle, sowie der Heizkammern und der in ihnen befindlichen Caloriferen von Staubablagerungen für das Einführen einer gesunden Luft in die zu beheizenden Räume von höchster Wichtigkeit ist, daß aber grade in dieser Beziehung die gröbsten Vernachlässigungen stattfinden. Die von einigen Rednern in dieser Beziehung gemachten Mitteilungen legten Zustände dar, welche die an die Anlage von Luftheizungen in sanitairer Hinsicht geknüpften Hoffnungen völlig illusorisch erscheinen lassen und zu gegründeten Bedenken Anlaß geben müssen.

Um ähnlichen Mißständen bei Staatsdienstgebäuden vorzubeugen, ersuche ich (veranlasse ich) Ew. ꝛc, dahin Anordnung zu treffen, daß in allen unterstellten Dienstgebäuden, in welchen sich Luftheizungen befinden, das periodische Reinigen der Luftzuführungskanäle und Heizkammern, welches am zweckmäßigsten mit feuchten Tüchern zu geschehen hat, in Zeiträumen von nicht über 4 Wochen während der Heizperiode vorgenommen und für die gewissenhafteste Controle der Ausführung Sorge getragen werde".

2. Das Königl. Provinzial-Schul-Kollegium verlangt Bericht a) unter dem 18. August 1882 über die durch Circular-Verfügung vom 31. März angeordnete Einhaltung der Jahrescurse und der damit zusammenstimmenden Versetzungen; b) unter dem 23. August über die Zahl der Sonnabends im Unterricht beschriebenen sich nicht beteiligenden jüdischen Schüler; c) unter dem 24. August über die Dispensationen vom Turnunterricht.

3. Der Königl. Provinzial-Steuer-Direktor der Provinz Sachsen teilt unter dem 19. Februar 1883 mit, daß in Betreff der Annahme von Steuer-Supernumeraren folgende Bedingungen gestellt sind. Die Provinzial-Steuer-Directoren sind zur Annahme der Steuer-Supernumerare befugt, wenn die Bewerber

1) die erforderliche wissenschaftliche Vorbildung (für das Realgymnasium Besuch der Prima mindestens ein Jahr mit gutem Erfolge) besitzen;
2) die Militairpflicht als einjährig Freiwillige durch befriedigend geleistete Militairdienste erfüllt haben und einen gesunden, Anstrengungen ertragenden Körper besitzen;
3) durch zuverlässige Sustentationszeugnisse nachweisen, daß sie im Besitze der Mittel sind, um sich überall, wo sie zu ihrer Ausbildung beschäftigt werden sollen, im Ganzen mindestens drei Jahre und auf Erfordern noch länger, ohne Beihülfe des Staates zu erhalten, und wenn
4) die für den Provinzialbereich vorgeschriebene Anzahl der Supernumerare nicht überschritten wird.

Die letzte Bedingung (Nr. 4) war eine Zeit lang suspendiert, ist aber jetzt wieder in Geltung getreten, und es wird darauf aufmerksam gemacht, daß in Folge der eingetretenen Beschränkung der Zahl der Supernumerare mehr als ein Jahr erforderlich sein wird, die bereits angenommenen Supernumerare auf die Normalzahl herabzumindern, während auch künftig eine Annahme nur in geringem Umfange wird erfolgen können. Unter diesen Verhältnissen werden daher nach Herstellung der festgesetzten Normalzahl im Allgemeinen nur diejenigen jungen Leute auf An-

R.   2*

nahme rechnen dürfen, welche als eine gute Erwerbung für die Steuer-Ver-
waltung zu betrachten sind, dagegen alle diejenigen Kandidaten auszuschließen sind, welche die
vorstehend angegebenen Bedingungen nicht voll erfüllen, oder deren Schulzeugnisse zu irgend welchen Bedenken über Qualifikation und Führung Veranlassung geben.

Berechtigungen der Schule.

1. **Maturitätszeugnis.** — Die mit dem Zeugnisse der Reife abgehenden Abiturienten
erhalten das Recht
zum Besuche a) der Universität für die philosophische Facultät, ⎫ mit dem Rechte
       b) der technischen Hochschule und der polytechnischen ⎬ zu
          Schulen ⎭ Staatsprüfungen.
       c) zu den Prüfungen für die höheren Postverwaltungsstellen (vom Postsekretär an).
Sie sind ferner befugt zum Eintritt
       d) in das reitende Feldjäger-Corps. Das Abiturientenzeugnis muß eine unbedingt
genügende Censur in der Mathematik enthalten.
       e) Es wird ihnen der wissenschaftliche Teil der Prüfung beim Portépéefähnrichs-
Examen, so wie, wenn in der Mathematik das Prädikat „Gut" lautet, auch die
Eintrittsprüfung als Seekadet erlassen.
2. **Zeugnis aus Prima.** — Die Schüler des Real-Gymnasiums, welche ein Jahr
lang die Prima mit gutem Erfolge besucht haben, werden zugelassen
       a) als Kandidaten für das Supernumerariat bei den Verwaltungen der indirekten
Steuern, (s. oben S. 11, Nr. 3)
       b) als Applikanten für den Militär-Intendantur-Dienst,
       c) für den Sekretariatsdienst bei den Marinestations-Intendanturen, so wie
zum Marineverwaltungs-Secretariatsdienst,
       d) zu den höheren Stellen des Telegraphendienstes.
3. **Zeugnis für Prima.** — Ein Zeugnis der Reife für Prima befähigt sie
       a) zum Civil-Supernumerariat bei den Provinzial-Civil-Verwaltungs-
behörden, bei den Justizbehörden und im Staatseisenbahndienste,
       b) zur Annahme als Civil-Aspiranten bei Proviantämtern,
       c) zur Zulassung zur Feldmesserprüfung,
       d) „   „   „   Markscheiderprüfung,
       e) „   „   „   Portépéefähnrichsprüfung,
       f) „ Aufnahme in die Königl. Tierarzneischule.
       g) zur Approbation als Zahnarzt,
       h) zur Zulassung auf die höheren landwirthschaftlichen Lehranstalten,
       i) zum Bureaudienst bei der Berg-, Hütten- und Salinenverwaltung.
4. **Zeugnis aus Secunda.** — Das Zeugnis der Reife für Ober-Secunda berechtigt sie
       a) zur Zahlmeisterprüfung,
       b) zum Besuche der Königl. Tierarzneischule,
       c) zum einjährig-freiwilligen Militärdienst,
       d) zur Ablegung der Apothekerprüfung.
5. **Zeugnis für Secunda.** — Das Zeugnis der Reife für Secunda befähigt
zum Eintritt in den Postdienst als Postexpeditions-Gehülfen, zur Zulassung
als Civilanwärter zum Vorbereitungsdienste für die Gerichtsschreiberprüfung;
zur Prüfung als Zeichenlehrer, zur Zulassung auf die Hauptkadettenanstalt
zu Lichterfelde bei Berlin.
6. Das Zeugnis der absolvirten Tertia ist erforderlich zur Aufnahme in die
obere Abteilung der Königl. Gärtner-Lehranstalt zu Potsdam.

Zur Chronik der Schule.

1. Das Schuljahr 1882—1883 nahm Montag, den 17. April, seinen Anfang und wird Mittwoch, den 21. März, geschlossen.

2. Die Ferien fielen der Ferienordnung gemäß.

3. Am 2. September wurde der Sebantag in gewohnter Weise durch Festzüge mit Fahnenschmuck und Musik, Aufstellung in Gemeinschaft mit den beiden Gymnasien und der Ober= Realschule auf dem Domplatze und festlichen Zug nach dem Friedrich Wilhelms=Garten gefeiert, wo der Direktor die Ansprache hielt.

4. Die Kandidaten des höheren Schulamts Regener, Krause und Lindemann wur= den nach Ablegung ihres Probejahres noch weiter an dem Real=Gymnasium beschäftigt. Ihre Dienstleistung war bei den zahlreichen und meist langdauernden Erkrankungen, die im Lehrer= Collegium eintraten, sehr willkommen.

5. Auf Grund einer Verfügung des Königl. Prov.=Schul=Collegiums vom 23. August 1882 trat der geprüfte Zeichenlehrer L'hermet zu Michaelis ein, um in ähnlicher Weise wie wissen= schaftliche Probe=Kandidaten beschäftigt zu werden.

6. Dem Elementarlehrer Brandt wurde zu Michaelis ein Teil des Turnunterrichts übertragen.

7. Lehrkräfte. Es waren am Real=Gymnasium und der Filialschule beschäftigt:

Direktor 1
Oberlehrer 7
ord. wissenschaftliche Lehrer 13
wissenschaftliche Hülfslehrer 1
techn. resp. Elementarlehrer 9
wissenschaftl. Kandidaten 3
techn. Kandidaten 1
jüd. Religionslehrer 2
Turnlehrer 4
                                        ――
                                        41

8. Zahl der Schüler. Winter 1882—83.

Ober=Prima	20	Ober=Quarta a.		43
Unter=Prima	19	„ b.		43
Ober=Secunda	33	Unter=Quarta a.		28
Unter=Secunda a.	37	„ b.		29
„ b.	38	Ober=Quinta a.		52
Ober=Tertia a.	43	Unter=Quinta a.		32
„ b.	43	Ober=Serta a.		50
Unter=Tertia a.	31	Ober=Quinta Fil.		52
„ b.	31	Unter=Quinta Fil.		33
„ c.	47	Ober=Serta Fil.		50
		Unter=Serta Fil.		52
				―――
				806.

Von den Schülern waren ortsangehörig 594.
Dem religiösen Bekenntnis nach waren 744 evangelisch, 12 katholisch, 50 mosaisch.
Vier Schüler haben wir leider durch den Tod verloren. Die Primaner Bischof und Quaritsch starben beide nach längeren Brustleiden, der Untertertianer Ost an der Diphtheritis, der Obersertaner Paul an der Unterleibsentzündung.

In der Abiturienten-Prüfung wurden für reif erklärt:

Michaelis 1882.

1. Simon, Richard, geb. zu Magdeburg, 21. März 1864.
2. Habrich, Richard, geb. zu Subenburg-Magdeburg, 10. September 1861.
3. Krause, Gustav, geb. zu Ranis bei Schönebeck, 1. Juli 1863.
4. Roderwald, Adolf, geb. zu Magdeburg, 31. Januar 1865.
5. Barner, Hermann, geb. zu Quedlinburg, 7. Mai 1862.
6. Hochdörfer, Karl, geb. zu Neustadt-Magdeburg, 12. August 1862.

Ostern 1883.

1. Schildener, Albert, geb. zu Magdeburg, 15. October 1862.
2. Finger, Ludwig, geb. zu Magdeburg 11. Juli 1860.
3. Fleischmann, Karl, geb. zu Magdeburg, 2. October 1864.

Aufgaben für die Abiturienten. Michaelis 1882.

Deutsch: Ein Ding der Zukunft ist der Mensch, und streben muß er unaufhörlich. — Französisch: Ein Exercitium. — Englisch: An ontline of the Peloponnesian Var. Mathematik. 1) Analytische Geometrie. DE ist eine feste Gerade, auf welcher sich der Punkt A bewegt. A ist mit O verbunden, ebenso mit dem festen Punkte C. AC schneidet OJ in B Durch B ist eine Parallele zur x-Axe gezogen, welche AO in P trifft. Der geometrische Ort von P ist nach Art und Lage zu bestimmen. Man kann auch von der sich um O drehenden Geraden AO ausgehen, welche die feste Gerade DE in A schneidet u. s. w. — 2) Stereometrie. In welchem Abstand von der Grundfläche muß man einen abgestumpften Kegel, dessen Radien R und r sind, und dessen Höhe gleich h ist, parallel zu jener durchschneiden, damit die Schnittfigur dem arithmetischen Mittel der beiden Grundflächen gleich sei? R = 14, r = 2, h = 18. — 3) Trigonometrie. Die Seiten und Winkel eines rechtwinkligen Dreiecks zu bestimmen, in welchem p·q = d und h gegeben ist. d = 198,73 , h = 34,32. — 4) Arithmetik. Die cubische Gleichung

$$x^3 - ax^2 + bx - c = o,$$ deren Coëfficienten der Bedingung $\dfrac{a}{6}\left(h - 5\left(\dfrac{a}{6}\right)^2\right) = c$

unterliegen, aufzulösen, wenn a = 18, b = 90, c = 162 ist.

Physik. 1) Aus der Mechanik. Eine Glaskugel und eine Bleikugel besitzen in Luft vom spezifischen Gewicht s = 0,0013 ein und dasselbe Gewicht, nämlich p = 100 Gramm. Wie groß ist der Unterschied der Gewichte P und P_t beider Kugeln im luftleeren Raum? Das spezifische Gewicht des Glases ist s_1 = 2,5 , das des Bleies s_2 = 11,35. — 2) Aus der Physik. Ein kugelförmiger Ballon von d = 0,235 m Durchmesser soll bei einer Temperatur von t = 18° C und einem Barometerstande von b = 767 mm mit Wasserstoff gefüllt werden. Wieviel wöge das aufzunehmende Gas, wenn es bei 0° und einem Barometerstande von B = 760 mm eingelassen würde und wieviel wiegt der den Ballon füllende Wasserstoff bei der gegebenen Temperatur und dem gegebenen Luftdruck? Ein Kubitmeter atmosphärischer Luft wiegt bei 0° und 760 mm Druck p = 1300g, das spezifische Gewicht des Wasserstoffs ist s = 0,0688, das der Luft = 1 gesetzt. Der kubische Ausdehnungscoëfficient des Wasserstoffs für 100° ist 3x = 0,36613.

Chemie. Welche Eigenschaften hat die Kohlensäure, und wie erhält man dieselbe? Wie erkennt man die Kohlensäure in ihren Verbindungen?

Aufgaben für die Abiturienten. Ostern 1883.

Deutsch. In wie fern kann man das 19. Jahrhundert ein eisernes nennen? — Lateinisch. Übersetzung aus Livius 24, 41. — Französisch. a) Aufsatz. Sur la tâche que s'est proposée Henri I d'Allemagne, et la manière dont il l'a remplie. b) Ein Exercitium. — Englisch. Ein Exercitium.

Mathematik. 1) Analytische Geometrie. Den geometrischen Ort eines Punktes zu bestimmen, von welchem aus an eine durch ihre Scheitelgleichung gegebene Parabel 2 Tangenten gelegt werden können, welche einen Winkel von 45° einschließen. — 2) Stereometrie. Einer Kugel sei ein gerader Kegel eingeschrieben, so daß die Höhe des letzteren durch den Mittelpunkt der Kugel nach dem goldenen Schnitt geteilt wird. Wie verhalten sich die Kubikinhalte beider Körper? — 3) Trigonometrie. Die Seiten und Winkel eines Dreiecks zu berechnen, wenn gegeben ist: der Radius r des umschriebenen, der Radius ϱ des eingeschriebenen Kreises und ein Winkel α. r = 86 mm, ϱ = 36 mm, α = 64° 12′ 0″. — 4) Arithmetik. $(x^3 + y^3)(x + y)$ = a $(x^2 + y^2)$, xy = b. Physik. Ein Körper A hat die Entfernung h von der Erde, ein anderer B die Entfernung h + m. Nachdem B n Sekunden gefallen ist, fange A an zu fallen. Wann wird B den Körper A eingeholt haben und wieviel Sekunden nach dem Zusammentreffen wird ein jeder auf der Erde anlangen. Zahlend h = 300 m, m = 200 m, n = 4 sec. g = 9,81 m. — 2) Im Mittelpunkt und in den beiden Brennpunkten einer Ellipse mit den Axen 2a = 40 cm und 2b = 32 cm befinden sich 3 Lichtquellen von gleicher Intensität. Wie stark ist die Beleuchtung in den Scheiteln der Axen, wenn als Einheit die Beleuchtung genommen wird, welche ein kleines Flächenstück in der Entfernung von 10 cm von einer dieser Lichtquellen empfängt.

Beneficien.

1. Die historische Kommission der Provinz Sachsen übersandte als Geschenk drei Exemplare der Neujahrsblätter.
2. Der Kaufmann Herr Krümmel schenkte einige wertvolle englische Werte (Addison x.) für die Bibliothek der Primaklasse.
3. Der Königl. Bauführer Herr Cdis, ein ehemaliger Schüler unserer Schule, schenkte eine photographische Ansicht der Akropolis von Athen.
4. Lehrer-Witwen- und Waisen-Kasse. (Programm Ostern 1870. Die im Februar 1883 vorgenommene Rechnungslegung ergab folgendes Resultat: Durch Zinsen, Geschenke und Zuwendungen hat das Kapital eine Höhe von 11105,66 ℳ. erreicht, dessen Nominalwerth 11020,36 ℳ beträgt. An Geschenken sind der Kasse zugeflossen 127,40 ℳ und zwar von Schülern bei ihrem Abgange von der Schule: den Secundanern Nehring 10 ℳ, Otto aus Schwaneberg 50 ℳ, dem Abiturienten Päßler 50 ℳ und von N. N. 17,40 ℳ.

Öffentliche Prüfung.

Dienstag, den 20. März von vormittags 8 Uhr an.

8	Uhr	Unter-Tertia a b.	Religion	Herr	Dr. Ziller.
8½	„	Prima	Chemie	„	Professor Dr. Scheibler.
9	„	Ober-Secunda	Englisch	„	Oberlehrer Dr. Jensch.
9½	„	Ober-Tertia a.	Mathematik	„	Krause.
10	„	Ober-Tertia b.	Französisch	„	Gebler.
10½	„	Unter-Tertia c.	Lateinisch	„	Lindemann.
11	„	Ober-Quinta a.	Französisch	„	Helmuth.
11½	„	Ober-Quinta b. (Filiale)	Rechnen	„	Seeger.
3	„	Ober-Quarta a.	Lateinisch	„	Dr. Knoche.
3½	„	Unter-Quarta a b.	Geschichte	„	Dr. Klein.
4	„	Unter-Quinta (Filiale)	Naturbeschreibung	„	Lemme.
4½	„	Ober-Sexta a.	Deutsch	„	Brandt.

Director Dr. Holzapfel.

Verwendung der Lehrkräfte im Winter 1882—83.

(Zeitweise traten einige Aenderungen wegen länger dauernder Erkrankungen von Lehrern ein.)

A. Real-Gymnasium:

	O I.	U I.	O II.	U IIa.	U IIb.	O IIIa.	O IIIb.	U IIIa.	U IIIb.	U IIIc.	O IVa	O IVb.	U IVa.	U IVb.	O V.	U V.	VI.	Anzahl der Stunden.
1) Direttor Dr. Holtzapfel.	Lat. 3	(+ 1)	Lat. 3															7
2) 1.Oberlehr.Prof. Dr. Schreiber.	Chem. 3	Chem. 3	Nat. 3	Nat. 3	Nat. 3	Nat. 2	Nat. 2											19
3) 2. Oberlehrer Dr. Beeddin.						Lat. 2 Frz. 4 Ggl. 4	Ggl. 4						Frz. 5					20
4) 3. Oberlehrer Stechert.	Frz. 4	Frz. 4	Math. 5 Lat. 4			Math. 5												22
5) 4. Oberlehrer Dr. Jensch.	Ggl. 3	Ggl. 3	Ggl. 3	Ggl. 3 Rel. 2 Frz. 4						Rel. 2								20
6) 5. Oberlehrer Mänß.	Rel. 2 D. 3 GGr. 3	Rel. 2 D. 3 GGr. 3	GGr. 3															19
7) 6. Oberlehrer						Rel. 3 D. 4			Gr. 2			Lat. 7 Rel. 2						18

Verzeichnis

der

Schüler für das letzte Semester.

Ober=Prima.

Berger, Franz.
Dobberkau, Willi.
Finger, Ludwig.
Fleischmann, Carl.
Gruson, Otto.
Hannemann, Moritz.
Hohohm, Carl.

Holzapfel, Walther.
Loehr, Philipp.
Luther, Wilhelm.
Merleburg, Felix.
Osterland, Ludwig.
Otto, Richard.
Peck, Willi.

Petzel, Carl.
Potinecke, Richard.
Quaritsch, Gustav.
Rademacher, Gustav.
Schildener, Albert.
Bestner, Robert.

Unter=Prima.

Ahrendt, Heinrich.
Bernhardt, Louis.
Brune, Wilhelm.
Buch, Georg.
Clouth, Paul.
Jacobi, Oscar.

Kathe, Franz.
Klingeberg, Ernst.
Klöpzig, Emil.
Koch, Walter.
Krümmel, Hans.
Mannesmann, Robert.

Mewes, Wilhelm.
Reinhardt, Gustav.
Rolohl, Carl.
Steinemann, Franz.
Troch, Gustav.

Ober=Secunda.

Ahrendt, Wilhelm.
Bartels, Carl.
Bleiß, Gustav.
Brandt, Carl.
Brohmann, Carl.
Buchschatz, Max.
Ebering, Robert.
Everth, Georg.
Freundlieb, Georg.
Freytag, Johannes.
Gaul, Julius.

Hagemann, Alfred.
Kahmann, Leopold.
Kielholz, Norbert.
Krause, Rudolph.
Kreuz, Max.
Kuhhaus, Walter.
Lange, Otto.
Lenze, Fritz.
Lorenz, Ernst.
Mühlmann, Carl.
Niemann, Julius.

Bernuth, Carl.
Böwe, Gustav.
Raßbach, Carl.
Schütz, Otto.
Spott, Moritz.
Steffens, Georg.
Voigt, Otto.
Völter, Otto.
Wegener, Bruno.
Wesche, Fritz.
Wieprecht, Johannes.

Unter=Secunda a.

Abers, Willy.
Braune, Fritz.
Dankworth, Franz.
Diedrich, Heinrich.
Fölsche, Julius.
Gewert, Theodor.
Giese, Franz.
Grühmacher, Johannes.
Haase, Paul.
Helle, Ernst.
Hoffmann, Ernst.
Leindorff, Fritz.
Koch, Robert.

Köcheln, Theodor.
Lenze, Hermann.
Marter, Carl.
Meister, Julius.
Meister, Balthasar.
Meyer, Albert.
Nagel, Franz.
Nieschalk, Julius.
Paasche, Otto.
Peters, Erich.
Pistorius, Max.
Neuffurth, Hermann.

Rößler, Max.
Scharff, Max.
Schellberg, Hermann.
Schmidt, Bruno.
Schneidewind, Franz.
Schönfeld, Franz.
Schröder, Richard.
Soltau, Wilhelm.
Tiebe, Wilhelm.
Troch, Bernhard.
Weese, Oskar.
Wille, Walter.

Bauermeister, Wilhelm.
Bode, Georg.
Brandus, James.
Diesing, Ernst.
Dortschy, Hugo.
Ebeling, Paul.
Ebrecht, Carl.
Falkenstein, Alexander.
Fischer, Johannes.
Franck, Hermann.
Fricke, Fritz.
Hauenschild, Hermann.
Hiller, Willi.

Andreae, Brami.
Belcour, Otto.
Bock, Walter.
Böckelmann, Walter.
Buch, Theodor.
Daun, Robert.
Elborg, Ernst.
Elze, Willi.
Gebse, Richard.
Greiffenbagen, Rudolf.
Haubold, Kurt.
v. Hausen, Hans.
Holzapfel, Georg.
Insel, Ernst.
Keindorff, Otto.

Banse, Otto.
Behrendt, Johannes.
Beyer, Robert.
Bosse, Erich.
Brajack, Wilhelm.
Braun, Wilhelm.
Bubb, Georg.
Dingel, Carl.
Elsässer, Arno.
Ernst, Hermann.
Feber, Paul.
Freytag, Richard.
Gerecke, Max.
Haase, Erich.
Histermann, Wilhelm.

Bracker, Paul.
Eitelgörge, Franz.
Elz, Friedrich.
Freytag, Willi.
Geßner, Johannes.
Goldacker, Carl.
Grunsfeld, Hugo.
Habrich, Hermann.
v. Hackewitz, Richard.
Hahn, Fritz.
Hawacker, Max.

Unter-Secunda b.

Heels, Otto.
Jortau, Georg.
Jürgens, Carl.
Knobbe, Ferdinand.
Kern, Carl.
Lichtenstein, Siegfried.
Luther, Hermann.
Müller, Udo.
Münchmeyer, Robert.
Paul, Heinrich.
Pernecke, Otto.
Salis, Lorenz.
Schmelzer, Adolf.

Ober-Tertia a.

Knobbe, Ernst.
König, Carl.
Krümmel, Paul.
Mennung I., Albert.
Mennung II., Max.
Mertens, Emil.
Meyer, Otto.
Müller, Carl.
Musmann, Willi.
Nane, Otto.
Obnicke, Albert.
Oller, Andreae.
Oltze, Walter.
Plümecke, Gustav.

Ober-Tertia b.

Hoffmann, Albert.
Jordan, Adolf.
Kahlenberg, Emil.
Kiehne, Fritz.
Klattenhoff, Friedrich.
Koch, Heinrich.
Kunick, Emil.
Kupfer, Paul.
Libbert, Hermann.
Mensing, Otto.
Rehrin, Julius.
Pleula, Walter.
Röber, Wilhelm.
Rex, Emil.

Unter-Tertia a.

Heinemann, Adolf.
Hoffmann, Oskar.
Holzhausen, Reinholt.
Jakobs, Arnold.
Jäger, Gustav.
Kröhnke, Emil.
Kuichmann, Richard.
Lintau, Erich.
Lorf, Max.
Maaß, Erich.

Schmidt, Walter.
Schulze, Willi.
Selle, Kurt.
Siewert, Gustav.
Strube, Richard.
Thiem, Fritz.
Voß, Albert.
Waldbaum, Paul.
Wedemeyer, Franz.
Weibezahl, Carl.
Wernecke, Hermann.
Wöhlbier, Reinholt.

Regener, Max.
Riecke, Fritz.
Schaade, Otto.
Schubert, Manfred.
Schürmann, Theodor.
Singer, Fritz.
Sommer, Gustav.
Strube, Hugo.
Völlcke, Otto.
v. Vultejus, Hans.
Waltbaum, Reinholt.
Wengler, Oskar.
Wennbat, Paul.
Wentzlau, Fritz.

Schaeper I., Rudolf.
Schaeper II., Carl.
Schollmeyer, Wilhelm.
Schreibage, Max.
Schubart, Oskar.
Seemann, Richard.
Seitz, Johannes.
Steinbrecht, Paul.
Thomas, Otto.
Tietze, Paul.
Weitemann, Adolf.
Wenzel, Friedrich.
Schade van Westrum, Ernst.
Wiese, Robert.

Mansfeld, Arthur.
Elze, Robert.
Rettig, Paul.
Riegels, Willi.
Nielewolt, Gustav.
Rodewald, Emil.
Teute, August.
Tondeur, Charles.
Wenghöfer, Wilhelm.
Wernicke, Konrad.

Bernhardt, Martin.
Bismarck, Oskar.
Brandt, Arthur.
Degen, Willi.
Ebeling, Felix.
Grunert I., Fritz.
Grunert II., Willi.
Hedloff, Willi.
Hölzle, Carl.
Jaenecke, Willi.
Jockuich, Robert.

Abers, Carl.
Bäß, Albert.
Behrens, Otto.
Blencke, Wilhelm.
Bollmann, Hermann.
Borcheet, Kurt.
Bortfeldt, Max.
Brose, Bernhart.
Bülow, Otto.
Dammann, Fritz.
Fechner, Heinrich.
Friedenthal, Julius.
Hahn, Eugen.
Hintze, Otto.
Hünig, Fritz.
Illies, Bruno.

Berner, Wilhelm.
Besele, Hermann.
Blachstein, Max.
Blumenreich, Martin.
Bötticher, Paul.
Bonhage, Gustav.
Breddin, Paul.
Brüggemann, Reinholt.
von Colomb, Erich.
Consmüller, Paul.
Felter, Willi.
Förster, Adolf.
Gerwig, Felix.
Großmann, Max.
Habrich, Max.

Ahrendt, Bernhardt.
Becker, Richard.
Behrens, Gustav.
Blencke, August.
Bodenstein, Georg.
Bötel, Eduard.
Bomke, Edmund.
Brandus, Siegmund.
Buttenberg, Willi.
Cohn, Berthold.
Conradi, Willi.
Fehse, Max.
Garke, Willi.
Grabau, Julius.
Gronau, Theodor

Unter-Tertia b.

Kalisto, Paul.
Kahmann, Max.
Knisa, Otto.
Koch, Hans.
Kollwitz, Johannes.
Krull I., Paul.
Krull II., Gustav.
Külz, Albert.
Kubnert, Paul.
v. Liliestroem, Hans.

Unter-Tertia c.

Jänecke, Richard.
Malikowsky, Alexander.
Mern, Franz.
Mühlemann, Rudolf.
Minth, Max.
Koch, Rudolf.
Kette, Carl.
Krahert, Ernst.
Kunze, Felix.
Leoß, Paul.
Meyer, Conrad.
Mittag, Hermann.
Muths, Hans.
Nathan, Ergar.
Celje, Albert.
Rand, Albert.

Ober-Quarta a.

Heine, Max.
Heinemann, Paul.
Henschel, Carl.
Hofang, Hermann.
Kern, Hermann.
Liebne, Wilhelm.
Krüger, Justus.
Müller, Hermann.
Nagel, Carl.
Nathan, Hermann.
Oblendorff, Paul.
Ohrmann, Max.
Olten, Bernhart.
Peters, Julius.

Ober-Quarta b.

Groß, Georg.
Grubler, Walter.
Pantog, Gustav.
Häßler, Gustav.
Jäger, Hans.
Kaiserling, Gustav.
Knoche, Gustav.
Külz, Gerhard.
Kubnert, Johannes.
Kunge, Hans.
Lorenz, Bernhardt.
Luther I., Willi.
Luther II., Gustav.
Nowad, Paul.
Pletz, Willi.

Mahrenholz, Ernst.
Mittag, Robert.
Rosenheim, Georg.
Schacier, Franz.
Schulze, Gustav.
Siegfeld, Moritz.
Stange, Paul.
Vetter, Ferdinand.
Weide, Carl.
Wille, Hans.

Rasevecu, Paul.
Rausche, Max.
Riecke, Adolf.
Riemann, Paul.
Rohde, Gustav.
Rosenhahn, Gustav.
Schaper, Otto.
Schenfuß, Albert.
Schoenner, Walter.
Schütte, Fritz.
Sparfeld, Julius.
Weber, Robert.
Weiche, Fritz.
Wewlant, Oskar.
Wichmann, Alexander.

Rahmer, Felix.
Rammelberg, Curt.
Rosenthal, Hermann.
Schönner, Siegfried.
Schröder, Willi.
von Schütz, Albert.
Schütze, Max.
Siemann, Fritz.
Strauch, Hermann.
Tiede, Hans.
Tietge, Bruno.
Wähling, Gustav.
Wenland, Fritz.
Wiesenthal, Oskar.

Rabe, Albert.
Radeke, Johannes.
Regener, Fritz.
Reibemeister, Johannes.
Richter, Paul.
Schliebs, Hermann.
Schreiboge, Richard.
Singer, Ernst.
Storch, Paul.
Vorbeier, Otto.
Waib, Max.
v. Westrum, Pieter.
Wolff I., Max.
Wolff II., Georg.

Late, Robert.
Albrecht, Richard.
Gr v. Baudissin, Leopolt.
Bonhage, Otto.
Boye, Walter.
Brandt, Friedrich.
Dorendorf, Adolf.
Fahland, Waldemar.
Friesecke, Franz.

Bernstein, Hans.
Bierstedt, Hermann.
Bonath, Wilhelm.
Fleischmann, Ernst.
Götze, Robert.
Grams, Walther.
Güsewell, Willi.
Heine, Heinrich.
Holzschreiter, Richard.
Hurtig, Adolf.

Bartsch, Otto.
Becker, Franz.
Beyer, August.
Boehme, Hermann.
Boehme, Carl.
Braune, Alfred.
Dockhorn, Carl.
Ebendorff, Carl.
Engel, Walther.
Erdmann, Willy.
Flössche, Paul.
Fresdorf, Walther.
Giffey, Carl.
Giffey, Hermann.
Goedicke, Carl.
Grieger, Wilhelm.
Haase, Curt.
Happach, Carl.

Altrock, Hildebert.
Baumgarten, Hans.
Bieberstein, Albert.
Breitrück, Otto.
Cohn, Albert.
Dehne, Johannes.
Doebkelin, Hans.
Döring, Carl.
Egeling, Ernst.
Erdmann, Fritz.
Friesinger, Ernst.
Fuhrmann, Walter.
Garke, Bruno.
Goering, Reinhard.
Grosse, Max.
Güsewell, Rudolf.
Händler, Fritz.
Hänsch, Adolf.

Unter-Quarta a.

Gasser, Johannes.
Giesemann, Otto,
Gröpler, Alexander.
Grieger, Friedrich.
Koch, Max.
Köhn, Max.
Kölsch, Johannes.
Liborius, Richard.
Lichtenfeld, Otto.

Unter-Quarta b.

Jäger, Emil.
Jasper, Carl.
Karting, Paul.
Kurths, Otto.
Penty, Otto.
Lindau, Paul.
Meyer, Rudolf.
Müller, Paul.
Pagichte, Hans.
Pfannue, Walther.

Ober-Quinta a.

Held, Hermann.
Herrmann, Wilhelm.
Hirt, Victor.
Hohbaum, Heinrich.
Jaenecke, Carl.
v. Klewitz, Willy.
Klingeberg, Paul.
Knobbe, Paul.
Kueß, Hermann.
Kuhnert, Hermann.
Lindstedt, Albert.
Lüde, Ewald.
Maximilian, Benno.
Meyer, Friedrich.
Meyer, Paul.
Pecht, Ernst.
v. Plessen, Willy.

Ober-Quinta b.

Hagemeyer, Fritz.
Hahn, Willi.
Hausbrandt, Georg.
Höndorf, Kurt.
Hubert, Ernst.
Keßler, Paul.
Knisch, Alfred.
Knoller, Martin.
Knopf, Fritz.
Lange, Franz.
Lübemann, Johannes.
Mertens, Robert.
Mittag, Johannes.
Oberlander, Walther.
Opfermann, Otto.
Pfeil, Max.
Richter, Waldemar.

Mielech, Max.
Mövius, Werner.
Plubrezinsky, Otto.
Villmecke, Albert.
Quast, Conrad.
Schreiber, Walter.
Schultze, Richard.
Strauch, Heinrich.
Bahlbieck, Paul.

Röbert, Georg.
Rothe, Otto.
Sanne, Willi.
Sauerader, Richard.
Schliebs, Georg.
Selowsky, Felix.
Voigt, Wilhelm.
Wapler, Hermann.
Schade van Westrum, Leonhard.

v. Puttkamer, Cuno.
Röttger, Moritz.
Rusche, Gustav.
Saalmann, Richard.
Schiele, Gustav.
Schlitter, Christian.
Schlüter, Ernst.
Schneiderwin, Johannes.
Schulze, Otto.
Schwartz, Carl.
Siebert, Paul.
Simon, Moritz.
Steinbrecht, Walther.
Stromberg, Adolf.
Völcks, Albert.
Wallstab, Gustav.
Wiegleb, Eduard.

v. Nieben, Carl.
Robert, Johannes.
Schmidt I., Willi.
Schmidt II., Walter.
Schreiber I., Paul.
Schneider II., Fritz.
Schnock, Reinhold.
Serglitz, Otto.
Sengebusch, Alfred.
Sommer, Carl.
Strauch, Carl.
Theuerkauf, Hermann.
Ulrich, Fritz.
Weyland, Hans.
Wollers, Franz.
Zenker, Emanuel.
Zerener, Johannes.

Balramus, Willi.
Ballewsln, Willi.
Behrends, Max.
Böckelmann, Otto.
Daun, Berthold.
Debert, Bruno.
Freßdorf, Gustav.
Freytag, Victor.
Hertting, Oscar.
Hilffert, Franz.
Hübner, Friß.

Bergreen, Gustav.
Boßner, Carl.
Brandt, Hans.
Bülow, Hans.
Buttenberg, Paul.
Charles, Erich.
Dalichau, Emil.
Dannemann, Franz.
Dannien, Willi.
Dibide, Julius.
v. Gerdtell, Ludwig.

Abers, Johannes.
Baumert, Carl.
Benbir, Paul.
Bierstedt, Gustav.
Poetel, Paul.
Clouth, Richard.
Dittmer, Heinrich.
Doebbel, Friß.
Friedeberg, Max.
Friese, Otto.
Gähme, Richard.
Gaul, Bruno.
Geride, Otto.
Graßmann, Ernst.
Große, Arthur.
Große, Willi.

Becker, Alfred.
Böhme, Otto.
Brandus, Georg.
Engelbrecht, Richard.
Filcher, Eugen.
Frand, Walter.
Gandert, Walter.
Günther, Otto.
Grützlau, Paul.
Hagedorn, Paul.
v. Hackewiß, Werner.
Heinnicke, Gustav.
Hesse, Georg.
Horn, Friß.
Knoll, Willi.
Krähe, Richard.
Lautenbach, Friß.

Unter=Quinta a.

Hübnermann, Friß.
Abrle, Otto.
Jasper, Rudolf.
Körner, Friß.
Lageis, Jean.
Lüderiß, Richard.
Lüders, Hermann.
Lübike, Max.
Lühr, Johannes.
Meyer, Albert.
Müller, Max.

Unter=Quinta b.

Göhring, Bruno.
Griese, Oskar.
Haase, Max.
Hahn, Rudolf.
Hermann, Sigesmund.
Herre, Willi.
Hobert, Walter.
Hepi, Bruno.
Hernung, Richard.
Jung, Otto.
Kaiserling, Richard.

Ober=Sexta a.

Haertel, Albert.
Häußner, Robert.
Henze, Max.
Johannes, Max.
Hebbig, Heinrich.
Knobbe, Berthold.
Koembhl, Max.
Kreyenberg, Martin.
Laborde, Johannes.
Lauge, Willi.
Lehnert, Bodo.
Lütge, Peter.
Mahrenholz, Carl.
Meyer, Ernst.
Musmann, Werner.
Raupold, Walt.er.

Ober=Sexta b.

Lehmann, Erich.
Ventge, Erich.
Marquardt, Paul.
Mast, Willi.
Mühlsterdau, Paul.
Nagel, Gustav.
Nathan, Bernhart.
Nathan, Alfred.
Neim, Max.
Pacharzewsty, Richard.
Pfeil, Ernst.
Preuß, Friedrich.
Ritter, Otto.
Reilener, Gustav.
Rulff, Heinrich.
Sachsleben, Friß.
Schröber, Georg.

Müller, Willi.
Ollers, Adolf.
Pietich, Max.
Richter, Franz.
Rumpf, Albert.
Schünemann, Max.
Plagemann, Wilhelm.
Plümeke, August.
Wagner, Richard.
Weiß, Curt.

Liebau, Paul.
Löscher, Rudolf.
Nielschall, Oscar.
Ottilie, Felix.
Pollack, Alfred.
Schilb, Max.
Schmerschneider, Otto.
Schröder, Erich.
Siebersleben, Julius.
Stießel, Walter.
Wilde, Oscar.

Nordheimer, Julius.
Petri, Johannes.
Quenstedt, Siegfried.
Raebel, Oskar.
Reusche, Paul.
Rohr, Wilhelm.
Rottmann, Alfred.
Schluß, Martin.
Schulze, Adolf.
Staecker, Emil.
Tad, Hermann.
Vablvieck, Friß.
Walter, Bruno.
Wedemeyer, Gustav.
Weiß, Willi.
Wengböser, Eduard.

Schumann, Eduard.
Schütze, Enno.
Schulz, Walter.
Stöcker, Theodor.
Strehlau, Otto.
Verch, Max.
Voigt, Carl.
Weibezahl, Ernst.
Wendenburg, Alexander.
Wenkel, Hans.
Wittiad, Adolf.
Wolff, Georg.
Wolff, Carl.
Wölffling, Eugen.
Zehle, Adolf.
Ziems, Max.

Unter-Sexta.

Altenkirch, Fritz.
Bebau, Rudolf.
Bebau, Walter.
Bertram, Kurt.
Beyer, Hugo.
Bley, Max.
Böhme, Kurt.
Böttcher, Fritz.
Brandus, Ernst.
Braune, Carl.
Brasch, Gustav.
Brosch, Hermann.
Brüggemann, Walter.
Bürklin, Willi.
Dehne, Richard.
Elies, Otto.
Everth, Martin.
Fischer, Hermann.

Franz, Ernst.
Freitag, Walter.
Habn, Hermann.
Heinrich, Otto.
Hilzendorff, Paul.
Hoffmann, Walter.
Hubre, Gustav.
Jänecke, Oskar.
Lange, Hermann.
Lengeling, Wilhelm.
Lietau, Fritz.
Lippert, Johannes.
Lorf, Waldemar.
Lüdemann, Paul.
Meyer, Arthur.
Meyer, Eduard.
Nebelung, Georg
Riemann, Gustav.

v. Puttkamer, Adolf.
Riegels, Max.
Rosenthal, Harry.
Schaeckel, Fritz.
Schmidt, Willi.
Schulz, Max.
Schwarzlose, Hans.
Seeger, Fritz.
Siemann, Hermann.
Sinton, Ludwig.
Strauch, Traugott.
Weinzweig, Paul.
Weil, Bruno.
Schade v. Westrum, Gerhard.
Witte, Richard.
Wohlgezogen, Alfred.
Wollers, Otto.
Ziemann, Erich